PRÉCIS

GÉOGRAPHIE

DES

ÉTATS DE L'EUROPE

ACTUELLE,

PAR E. SOULIER (DE SAUVE)

Professeur, Membre de plusieurs Sociétés savantes

SPÉCIALEMENT RÉDIGÉ

POUR

L'ATLAS ÉLÉMENTAIRE SIMPLIFIÉ,

ADOPTÉ PAR LE CONSEIL ROYAL DE L'INSTRUCTION PUBLIQUE.

TROISIÈME SÉRIE

GÉOGRAPHIE PARTICULIÈRE DES ÉTATS DE L'EUROPE

Paris,

J. ANDRIVEAU-GOUJON, ÉDITEUR,

RUE DU BAC, N° 6.

1840

PRÉCIS

DE

GÉOGRAPHIE

DES

ÉTATS DE L'EUROPE ACTUELLE.

PRÉCIS

DE

GÉOGRAPHIE

DES

ÉTATS DE L'EUROPE

ACTUELLE,

PAR **E. SOULIER** (DE SAUVE),

Professeur, Membre de plusieurs Sociétés savantes,

SPÉCIALEMENT RÉDIGÉ

POUR

L'ATLAS ÉLÉMENTAIRE SIMPLIFIÉ,

ADOPTÉ PAR LE CONSEIL ROYAL DE L'INSTRUCTION PUBLIQUE.

TROISIÈME SÉRIE.

Paris,

J. ANDRIVEAU-GOUJON, ÉDITEUR,

RUE DU BAC, Nº 6.

—

1839.

PARIS. — IMPRIMERIE DE PAIN ET THUNOT,
rue Racine, 4, place de l'Odéon.

PRÉCIS

DE

GÉOGRAPHIE

DES ÉTATS DE L'EUROPE ACTUELLE.

MONARCHIE NORVÉGIÉNO-SUÉDOISE.

SITUATION.

Cette monarchie qui se compose principalement du *royaume de Suède* et du *royaume de Norvége*, occupe presque toute la VASTE PRESQU'ÎLE SCANDINAVE renfermée entre la mer Glaciale, l'océan Atlantique et la mer Baltique. Elle s'étend surtout du sud-ouest au nord-est, et offre les contrées les plus septentrionales de l'Europe. — Elle est comprise entre le 2e degré et le 30e degré de longitude orientale de Paris ; et entre le 55e degré et le 71e degré de latitude boréale.

LIMITES.

Cette monarchie est bornée :

Au nord, par l'Océan glacial arctique ;

A l'ouest, par l'océan Atlantique et la mer du Nord ;

Au sud, par le Skager-Rack, le Cattégat, le détroit du Sund et la mer Baltique;

A l'est, encore par la mer Baltique, le golfe de Botnie, et l'empire russe dont elle est séparée par la Tornéa et son affluent le Muonio, et par le Tana.

MERS, GOLFES ET DÉTROITS.

L'Océan glacial arctique forme au nord le *golfe Waranger*, et ceux de *Tana*, de *Laxe* et de *Porsanger;* — à l'ouest, le *golfe occidental* entre les îes Loffoden et le Norrland.

L'océan Atlantique et sa dépendance, la mer du Nord, forme le *golfe de Folden* au nord-est des îles Trondhiem; — le *golfe de Sogne* vers es îles Bergen; et celui *de Bukke* près de Stavanger, plus au sud.

Le Skager-Rack s'enfonce au nord et donne naissance au *golfe de Christiania;* le Cattégat communique avec la mer Baltique, par le fameux *détroit du Sund;* on sait déjà que la mer Baltique forme, au nord, le *golfe de Botnie*, divisé en deux parties par le large *détroit de Quarken.*

CAPS.

Les principaux caps appartiennent tous à la Norvége; voici les principaux : le cap Nord, le plus fameux de tous; il est à la pointe septentrionale de l'île Maggeroë dans l'Océan glacial arctique; — ceux qui se trouvent sur les côtes du continent, sont : — le *cap Kong;* — et le *cap Nord-Kynn*, le plus septentrional du continent européen ; — au sud ouest, le *cap Lister* et le *cap Lindesness* à l'entrée du Skager-Rack.

ILES.

1º Dans l'Océan glacial arctique :

LES ÎLES TROMSEN dont les principales sont *Maggeroe, Soroe* si bizarrement découpée, et *Hual-Oen;* — les ÎLES LOFFODEN où l'on remarque *Seujen, Andaoèn, Langoen, Hindoèn*, la plus grande de toutes; *Ost-Vaagen*, rendez-vous des pêcheurs, et *Vest-Vaagen*.

2º Dans l'océan Atlantique :

Les ILES TRONDHIEM ou de Drontheim ; les plus grandes sont : *Frojen, Hitteren, Smolen;* — les ÎLES DE BERGEN toutes fort petites.

3º Dans la mer Baltique :

A l'entrée du Sund, la petite île d'*Hwen*, célèbre par l'observatoire de Tycho-Brahé ; — OLAND, qui s'étend beaucoup en longueur près des côtes de Calmar : son chef-lieu est *Borgholm*, sur la côte occidentale ; — GOTHLAND, la plus considérable de toutes les îles de la monarchie suédoise ; son chef-lieu est *Wisby*, à l'ouest.

PENTES ET FLEUVES.

Les fleuves qui arrosent la monarchie norvégieno-suédoise, appartiennent aux trois pentes du versant européen du nord-ouest (voyez première série, page 104-109), savoir : pente de l'océan Atlantique ; pente de la mer Baltique ; pente de l'océan Glacial du nord.

1° PENTE DE L'OCÉAN ATLANTIQUE.

Cette longue pente comprend la plus grande partie de la Norvége, depuis le cap Lister jusqu'au cap Nord-Kynn ; on n'y trouve que des courants d'eau peu considérables, les plus remarquables sont :

Le *Sundals* qui coule à l'ouest vers *Christiansund ;*

Le *Versen*, qui baigne à son embouchure *Alstahang ,*

Et l'*Alten*, le plus considérable de tous , qui court au nord vers *Altengaard.*

2° PENTE DE L'OCÉAN GLACIAL DU NORD.

Elle ne comprend qu'une très-petite partie de la LAPONIE norvégienne ; on y trouve :

Le *Tana*, formé de la réunion du *Karasjoki* et du *Enare-Joki*, il coule au nord dans le golfe de Tana ; c'est le fleuve le plus septentrional de l'Europe.

Le *Paljoski* qui se rend dans le golfe de Waranger.

3° PENTE DE LA MER BALTIQUE.

Cette pente, la plus considérable de toutes , embrasse toute la Suède et une portion considérable de la Norvége.

Les fleuves principaux qu'on y trouve , sont en allant du nord au sud : — La *Tornéa* qui sort du *lac* de ce nom , passe à *Jukas Jerfoi*, à *Piajala Capelle* où elle reçoit à gauche le *Muonio*, puis à *Carl-Gustaf ;* — le reste de son cours appartient à la Russie et elle débouche dans le golfe de Botnie à Tornéa.

Le *Kalix*, qui communique par un bras naturel avec la Tornéa et passe à *Of Kalix;* presque sous le cercle polaire arctique,

La *Luléa*, qui traverse la longue série des lacs *Stora, Luléa, Walluen*, et se jette dans le golfe de Botnie, à *Luléa;* — elle reçoit à droite, le *Skalkajar*, qui traverse aussi plusieurs lacs, et passe à *Jockmeck*, située sous le cercle polaire arctique;

La *Pitéa*, qui vient du lac Tiakelvas, et baigne *Pitéa*, à son embouchure;

Le *Skelleftéa*, qui sort des grands lacs *Horn Afvan* et *Stor Afvan;*

L'*Uméa*, qui traverse le *Stor Umea*, arrose *Uméa*, à son embouchure, et reçoit à gauche le *Vindel*, qui passe à *Sorsele;*

L'*Angerman*, qui passe à *Asele*, et débouche à *Hernosand*, dans le golfe de Botnie;

L'*Indals*, formé de l'*Apnussjo*, et d'une autre branche, la *Ragunda*, qui traverse plusieurs grands lacs, et passe à *Ostersund;*

La *Njurunda*, qui se jette aussi dans le golfe de Botnie, à *Sundswall*, et se nomme *Ljusna*, dans son cours supérieur;

La *Liusna*, ou *Mill*, qui passe à *Hede*, et débouche à *Soderhamn;*

Le *Dal*, fleuve considérable, qui passe à *Hedmora*, et se jette dans le golfe de Botnie, par une large et profonde embouchure; il est formé de l'*Oster-Dal*, et du *Wester-Dal;*

1.

L'*Amm*, qui débouche dans la mer Baltique, en face de l'île d'Oland ;

La *Clara*, qui sort du *lac Fœmund*, et se jette dans le lac *Wener*, à *Carlstadt* : à sa sortie de ce lac, vers *Wonersborg*, elle prend le nom de *Gotha*, et débouche dans le Cattégàt, à *Gothembourg* : c'est le fleuve le plus considérable de la Suède ;

Le *Glommen*, qui prend sa source vers *Roraas*, et passe à *Hof* : il se jette dans le Skager-Rack : c'est le plus grand fleuve de la Norvége ; —il reçoit, à droite, le *Gullbrands*, qui passe à *Biri*, et traverse le *lac Miosen* ;

La *Beina*, qui passe à *Modum*, et se jette dans le golfe de Christiania;

Le *Lowen*; — et le *Mandal*, qui passe à *Christiansand* : ces deux fleuves se jettent dans le Skager-Rack.

Parmi ces fleuves nombreux, il faut surtout se rappeler : le Tana, la Ténéà, l'Uméa, la Skelleftéa, l'Indals, la Liusna, le Dal, la Clara, et le Glommen.

MONTAGNES.

Nous avons vu, dans la description générale de l'Europe (première série, page 115), que la longue et haute chaîne des ALPES SCANDINAVES, traverse du sud au nord, toute la monarchié norvégiéno-suédoise. — Cette chaîne, suivant les pays qu'elle parcourt, reçoit diverses dénominations, ainsi :

Dans la partie méridionale de la Norvége,

entre le Sondenfields, et le Nordenfields, on la nomme . *Hardangerfield, Sognefield*, et surtout MONTS DOVER ou DOFRINES, entre la source du Glommen , et de son principal affluent , le Gullbrands.

Plus au nord , entre la Suède et la Norvége, dans le Nordanden, on trouve le *Lang-Field*, les *monts Kolen* ou *Kioel*, et plus au nord encore les *monts de Laponie.*

Le point culminant de toute cette vaste chaîne , le *Skagstlos-Tind* , dans les monts Dover , atteint 1,313 toises de hauteur , au-dessus du niveau des mers. (Voyez la carte d'Europe.)

LACS.

La Norvége et la Suède ont un grand nombre de lacs , mais les plus considérables sont dans ce dernier royaume. Voici les plus remarquables :

Du nord au sud.

Le lac *Tornéa;* celui de *Luléa;* ceux de *Horn Afvan* et de *Stor Afvan*, qui communiquent entre eux ; de *Kalls* et de *Storsjon;* de MELAR, à l'ouest de Stockholm ; le LAC WETTER, et le LAC WENER, le plus grand de tous : tous ces lacs sont en Suède.

Dans la Norvége , nous ne citerons que le *lac Miosen*, traversé par le Gullbrands.

CLIMAT.

Le climat de la grande presqu'île Scandinave, dont les côtes présentent de si étranges dentelures, est généralement froid à cause de sa haute latitude : sa partie septentrionale s'étend au delà du cercle polaire arctique. — A *Stockholm*, les plus longs jours sont de dix-huit heures et demie environ ; — à *Jockmeck*, et à *Kalix*, sous le cercle polaire, le soleil, au solstice d'été, reste *vingt-quatre heures*, ou un jour entier sur l'horizon ; enfin, vers *Altengaard*, sous le 70° degré de latitude nord, le soleil reste plus de deux mois au-dessus de l'horizon. Partout, l'hiver est long et rigoureux ; l'été court et agréable. En Suède, l'automne est beau, en Norvége, au contraire, les vents de l'Atlantique soufflent avec violence pendant cette saison, et de terribles ouragans régnent sur les côtes occidentales. Le printemps est très-court, et c'est la saison la plus triste de tous ces pays.

La température est plus douce dans la Norvége méridionale, et dans la partie sud-ouest de la Suède, parce que les monts Dover garantissent ces contrées contre le vent du nord. La pente orientale est froide, et au delà du cercle polaire le mercure gèle souvent. — La côte occidentale éprouve un hiver moins rigoureux ; mais le climat y est moins salubre, et les pluies ou la neige y sont fréquentes.

MINÉRAUX.

Les principales richesses minérales de la monarchie suédoise sont ses abondantes mines de *fer*, de *cuivre*, de *plomb*, et d'*argent* : on y rencontre aussi des pierres précieuses. Les plus abondantes de ces mines se trouvent en Norvége, qui fournit aussi du *charbon* et du *sel*.

VÉGÉTAUX.

La partie la plus méridionale de la péninsule scandinave produit du *froment* et d'autres grains, des *pommes de terre*, et des *fruits*; on y recueille aussi du *lin*, mais en petite quantité. Vers le nord, on ne cultive plus avec succès qu'un peu de *seigle* et des pommes de terre. Partout, dans la partie du sud et du centre, on trouve de nombreuses et belles *foréts*, qui fournissent à l'étranger, des mâts, des poutres et des planches.

ANIMAUX.

Les *chevaux* de la Suède et de la Norvége sont estimés : ils sont très-petits, mais ardents et infatigables. On y trouve quelques troupeaux de *bœufs* et de *moutons*. — Parmi les animaux sauvages, il faut citer : l'*ours*, le *loup*, le *lynx*, la *loutre*, le *glouton* et le *castor*. Partout, le long des côtes, la pêche est abondante.

DIMENSIONS, SUPERFICIE, POPULATION.

Plus grande longueur, depuis *Falsterbo*, au sud-ouest, jusqu'au cap *Nord-Kynn*, au nord-est, 430 lieues ;

Plus grande largeur, depuis *Stadtland*, à l'ouest, vers les îles Bergen, jusqu'à *Stockholm*, à l'est, 180 lieues ;

Superficie totale, 38,713 lieues carrées, savoir: pour la Suède 22,047, et pour la Norvége 16,666 lieues carrées.

La *population totale absolue* est de 3,866,000 âmes, ce qui donne pour *chaque lieue carrée*, près de 100 habitants seulement.

Dans cette population totale, la Suède compte pour 2,800,000 habitants, et la Norvege pour 1,050,000.

Il faut ajouter 16,000 âmes qui se trouvent dans l'île *Saint-Barthélemy*, aux petites Antilles, dont la superficie est d'un peu moins de *huit lieues carrées*.

RELIGION.

Tous les cultes chrétiens sont librement professés dans la monarchie norvégiéno-suédoise. Cependant le *luthéranisme* est la religion dominante de l'état et celle du souverain. Il y a un petit nombre de *calvinistes* et de *catholiques romains*; très-peu de *juifs* en Suède ; aucun en Norvége, où on ne les souffre pas. Dans la Laponie on rencontre quelques *ido-latres.*

GOUVERNEMENT.

Quoique sous un même roi, la Suède et la Norvége forment chacune un royaume séparé qui a ses lois particulières ; mais dans ces deux royaumes le *gouvernement* est *monarchique-constitutionnel.*

INDUSTRIE ET COMMERCE.

La principale branche d'industrie et de commerce de ces deux royaumes sont les fabriques d'*acier*, de *glaces*, et d'*étoffes* encore peu estimées : les manufactures sont en petit nombre. Il se fait une exportation considérable de *fer* et de *cuivre*, et surtout de *bois* pour la construction des vaisseaux.

DIVISIONS ET TOPOGRAPHIE.

Nous allons présentement indiquer les principales divisions de la Suède et de la Norvége en deux tableaux, qui feront connaître en même temps les villes les plus remarquables de chacun de ces deux royaumes.

SUÈDE.

Ce royaume se divise en trois grandes régions géographiques qui forment entre elles vingt-quatré *làns* ou gouvernements, qu'on peut voir dans la carte, et dont nous présentons ici le tableau. Nous avons eu soin d'indiquer dans chaque gouvernement, outre le chef-lieu, la ville la plus remarquable.

Du sud au nord.

	Gouvernements.	Chefs-lieux.	Villes remarquables.
	Malmohus.	Malmo.	Helsingborg.
	Christianstadt. . .	Christianstadt,	Cimbrishamn.
	Blekinge.	*Carlscrona.*	Carlshamn.
	Calmar.	*Calmar.*	Borgholm.
	Kronoborg.	Wexio.	
	Halmstadt	Halmstadt.	
GOTHIE.	Jonkoping	Jonkoping.	
	Elfsborg.	Wenersborg.	Boras.
	Gotheborg.	GOTHEMBOURG.	
	Skaraborg	Mariestadt.	Skara.
	Linkoping	Linkoping.	Norrkoping.
	Gothland (ile de).	Wisby.	
	Nykoping.	Nykoping.	
	Stockholm.	**STOCKHOLM.**	
	Upsala.	*Upsala.*	
SUÈDE	Westeras. . . .	Westeras.	Sala.
PROPRE.	Orebro. . . .	Orebro.	Nora.
	Carlstadt.	*Carlstadt.*	Christinehamn.
	Stora-kopparber	Falun.	Hedmora.
	Gefleborg	Gefleborg ou Gefle.	Soderhamn.
	Jamtland	Oestersund.	Hede.
NORRLAND.	Wester Norrland.	Hernosand.	Sundsvall.
	Wester Botten. . .	Umea.	Assele.
	Norr Botten. . .	Pitea.	Lulla.

TOPOGRAPHIE.

1º *Dans la Gothie.*

Malmo, avec 8,000 âmes, port florissant, sur le détroit du Sund ;

Helsingborg , petite ville célèbre par la beauté de son port artificiel : elle est aussi sur le Sund ;

Gothembourg , ou Gotheborg sur le Cattégat , ville considérable et bien bâtie : c'est la seconde de la Suède, et sa population s'élève à 27,000 habitants ;

Linkoping, avec une belle cathédrale ; — et tout près, *Norrkoping*, ville très-commerçante et manufacturière ,

Jonkoping, siége d'une cour royale, mais très-petite ville ;

Carlscrona, la plus forte ville de la Suède, et 12,000 habitants ;

Calmar, si célèbre dans l'histoire de la Suède : elle a une belle cathédrale.

2º *Dans la Suède propre.*

STOCKHOLM, capitale de la Suède et de toute la monarchie norvégiéno-suédoise : c'est une belle ville, bâtie à l'entrée du lac Melar, qui y forme un port vaste et sûr. On y remarque le palais du roi, plusieurs églises, et d'autres édifices publics : elle possède un grand nombre d'établissements scientifiques et littéraires, et l'on y compte au delà de 80,000 âmes ;

Upsala, petite ville si fameuse par son université et par sa magnifique cathédrale, la plus belle de toute la Suède;

Sigtuna, un peu au sud d'Upsala : elle est remarquable par ses antiquités odiniques;

Gèfle, port commerçant, sur le golfe de Botnie; — et *Falun*, petite ville remarquable par ses riches mines de cuivre;

- *Carlstad*, petite ville, bâtie sur le lac Wener, importante par ses foires considérables et par ses établissements scientifiques.

3° *Dans le Norrland.*

Hernosand, très-petite ville, située à l'embouchure de l'Angerman : elle fait un commerce considérable; — enfin, *Umea* et *Pitea*, qui ne sont guère que des villages.

Il faut surtout se rappeler : *Stockholm*, *Gothembourg*, *Carlscrona*, *Calmar*, et *Upsala*.

NORVÉGE.

La Norvége est aussi divisée en trois grandes parties qui forment dix-sept bailliages. En voici le tableau.

Du sud au nord :

	Bailliages.	Chefs-lieux.	Villes remarquables.
SONDENFIELDS.	Stavanger....	Stavanger.	
	Mandal......	Christiansand.	
	Nedenœss....	Arendal.	
	Brasberg.....	Skeen.	Langesund.
	Buskerud.....	Modum.	
	Jarlsberg....	Tondsberg.	
	Smaalehnene..	Moss.	Frederikstad.
	Aggershuus...	CHRISTIANIA.	
	Christian.....	Biri.	
	Hedemarken..	Hof.	
NORDENFIELDS.	Sondre-Bergen-huus......	Bergen.	
	Nordre-Bergen-huus......	Leganger.	Vug.
	Romsdal.....	Christiansand.	Molde.
	Sondre - Trond-hiem.....	Trondhiem ou Drontheim.	Roraas.
	Nordre - Tron-dhiem.....	Levanger.	
NORDLANDENS.	Nordland.....	Bodoë.	
	Finmarken....	Tromsoe.	Altengaard.

TOPOGRAPHIE.

1° *Dans le Sondenfields.*

CHRISTIANIA, capitale du royaume de Norvége : c'est une ville assez considérable, bâtie
au fond du golfe de ce nom ; elle compte 21,000
habitants ; — *Modum*, avec une riche mine
d'argent ; — *Frederikstad ;* — *Christiansand ;*
— et *Stavanger,* petites villes, mais ports très-
commerçants.

2° *Dans le Nordenfields.*

BERGEN, avec une population égale à celle de Christiania : cette ville, l'une des plus anciennes de la Norvége, a un excellent port, mais l'entrée en est difficile ; — *Trondhiem* ou *Drontheim*, avec 12,000 âmes : elle possède un bon port, et c'est la troisième ville de la Norvége.

3° *Dans le Nordlandens.*

On remarque : *Bodoe, Tromsoe* et *Altengaard :* toutes ces petites villes sont situées au delà du cercle polaire, dans la zône glaciale du nord.

Ainsi , on trouve en Norvége seulement trois villes un peu considérables : — Christiania, Bergen et Trondhiem.

MONARCHIE DANOISE.

SITUATION ET LIMITES.

Cette monarchie se compose : — 1º du *Dane-marck et de ses îles* ; — 2º des *îles Fœroe* dans l'Océan atlantique ; — 3º de l'*Islande* vers le cercle polaire arctique : cette dernière île dépend physiquement de l'Amérique septentrionale (voy. 1ʳᵉ série pages 96 et 257, et aussi la carte d'Europe).

Le royaume de Danemarck proprement dit est situé au sud de la grande presqu'île Scandinave. Il est borné :

A l'*ouest*, par la mer du Nord,

Au *nord*, par le Skager-Rack ;

A l'*est*, par le Cattégat, le détroit du Sund, la mer Baltique, et le Mecklenbourg ;

Au *sud*, par la république de Hambourg et par le Hanovre.

GOLFES ET DÉTROITS.

Les côtes du Danemarck et de ses îles offrent un grand nombre de golfes et de baies, la plupart peu considérables, à l'exception du *golfe de Lym* dans la partie septentrionale du Jutland.

Sur les côtes de l'Islande on trouve les golfes de *Skagestrand*, de *Brède*, et de *Faxe*.

Les principaux détroits sont : — le *Sund*, le

plus fameux entre la Suède et l'île de Seeland ;
— le *Grand-Belt*, entre l'île de Seeland et celle
de Fionie ; — le *Petit-Belt*, entre l'île de Fionie
et le Jutland.

PRESQU'ILES.

Le *Jutland*, qui forme la partie continentale
du Danemarck, est la seule presqu'île de cette monarchie.

CAPS.

Les principaux sont : —le *cap Skagen* au nord
du Jutland ; — et en Islande, le *cap Langanes*
à l'est, le *cap Nord* à l'ouest, tous deux situés
vers le cercle polaire ; et au sud-ouest le *cap
Reikianœs*.

ILES.

Les îles les plus remarquables de la monarchie
danoise sont :

1° *Dans la mer Baltique.* — En allant de
l'est à l'ouest : —*Bornholm*, *Moen*, *Falster*,
Laland, *Lange-Lande*, *Fionie* et *Seeland*,
qui sont les deux plus grandes.

2° *Dans la mer du nord.* — Sur la côte occidentale du Jutland un grand nombre de petites
îles, parmi lesquelles nous ne citerons que celle
de *Sylt* dont la configuration est si bizarre.

3° *Dans l'océan Atlantique.* — Les *îles Fœroe*
dont les deux plus grandes se nomment *Stromoe*
et *Osteroe* ; — et l'*Islande*, la plus considérable
de toutes les îles danoises.

FLEUVES, CANAUX.

Nous ne nommerons, dans le Jutland, que :

L'*Eyder*, petit fleuve qui arrose *Kiel* à son embouchure dans la mer Baltique ;

La *Trave*, qui se jette dans la même mer ; — et l'*Euler*, qui coule à l'ouest dans la mer du Nord ;

L'*Elbe*, comme nous l'avons vu, sépare le Danemarck du Hanovre. C'est entre l'Eyder et l'Euler qu'on voit le *canal de Schleswig-Holstein* qui fait communiquer la mer Baltique avec la mer du Nord.

L'Islande est arrosée par un nombre considérable de rivières et de fleuves, les principaux sont :

Le *Jokuls ;* — le *Skalfanda ;* — et l'*Eyafardar* qui passe à *Madruval :* . ils se jettent tous au nord dans l'océan Glacial arctique.

MONTAGNES.

L'Islande est la seule partie du royaume qui offre des montagnes assez considérables, et parmi lesquelles nous devons surtout citer le fameux *volcan de l'Hekla*, dans la partie méridionale de l'île.

CLIMAT ET PRODUCTIONS DES TROIS RÈGNES.

Le *climat* du Danemarck est en général froid et humide. On n'y connait guère que deux saisons, l'été qui est très-court, et l'hiver qui es long et très-rigoureux, principalement dans la partie septentrionale du Jutland : on passe très-souvent en hiver le Sund et les Belts en patinant sur la glace.

Le Danemarck produit du *seigle*, de l'*avoine*, de l'*orge*, du *froment* et beaucoup de *légumes;* la partie orientale présente quelques *belles foréts*; et à l'ouest s'étendent dans les basses plaines d'*excellents páturages* qui nourrissent deux *races de chevaux* de trait et de selle, fort estimées. Les *bœufs* du Holstein sont recher-chés, et tout le monde connaît les *chiens danois* de la grande et de la petite espèce. On y trouve un peu de *fer*.

En Islande, le froid est encore plus vif et l'on n'y compte aussi que deux saisons, l'été et l'hi-ver. On y voit un grand nombre de montagnes volcaniques, de sources d'eaux bouillonnantes et lancées dans les airs à une grande hauteur, des terrains couverts de lave, et des ruisseaux de soufre et de boue brûlante, des gouffres et des cavernes admirables et plus de trente cratères remarquables Mais le sol de cette île est géné-ralement stérile et les fruits y mûrissent rare-ment. On y trouve de *petits chevaux*, des *boucs sauvages*, des *bœufs* et des *moutons*, etc. Et il y a quelque peu de *fer*, de *cuivre*, de *plomb* et beaucoup de *soufre*.

SUPERFICIE, POPULATION.

La *superficie* du royaume de Danemarck sans y comprendre les îles Fœroe et l'Islande, est évaluée à 2,864 lieues carrées environ. — Sa *population absolue* est, d'après Balbi, de 1,950,000 âmes, ce qui donne pour chaque lieue carrée à peu près 680 habitants.

Les autres possessions du Danemarck, les *îles Fœroe*; l'*Islande*; le *Groenland* (page 258, 273, et 274. 1ʳᵉ série); les îles *Sainte-Croix*, *Saint-Thomas* et *Saint-Jean* dans les petites Antilles; les *îles de Nicobar* (voy. la carte d'Asie), les villes de *Tranquebar* et de *Sirampour* dans l'Inde; et quelques petites villes dans la Guinée septentrionale, forment, réunies au Danemarck proprement dit, une superficie de 59,197 lieues carrées et une population totale de 2,125,000 âmes.

RELIGION, GOUVERNEMENT.

Le luthéranisme est la religion dominante du Danemarck, mais l'on y trouve aussi des *juifs* et quelques *catholiques romains*. Le gouvernement est une *monarchie absolue*, excepté pour quelques provinces.

INDUSTRIE ET COMMERCE.

L'industrie de ce royaume doit faire encore de grands progrès pour se trouver au niveau de celle des premiers états de l'Europe; mais son commerce, si puissamment favorisé par sa position, est considérable et florissant, malgré les pertes immenses que le Danemarck a éprouvées dans les premières années de ce siècle et vers la fin du règne de Napoléon. Le commerce de commission surtout est fort considérable. Les trois villes les plus commerçantes sont : Copenhague, Altona et Elseneur.

DIVISIONS ET TOPOGRAPHIE.

Nous diviserons d'une manière générale le Danemarck en cinq parties principales, ainsi que l'indique le tableau suivant :

	Divisions.	Chefs-lieux.	Villes remarquables.
PRESQU'ILE DU JUTLAND.	Le Jutland. . . .	Viborg.	Aalborg; Aarhus.
	Le duché de Schleswig	Schleswig.	Flensberg.
	Le duché de Holstein. . . .	Kiel.	ALTONA.
	Le duché de Lauenbourg.	Lauenbourg.	Ratzeburg.
LES ILES	(de la mer Baltique).	COPENHAGUE (*Seeland*).	Elseneur; — Odense (*Fionie*).

REMARQUE. Comme le *Holstein* et le *Lauenbourg* font partie de la confédération germanique, nous renvoyons leur description plus détaillée à la carte des états secondaires de l'Allemagne, dressée sur une échelle plus grande.

TOPOGRAPHIE.

COPENHAGUE, capitale de toute la monarchie danoise, grande et superbe ville, bâtie sur le détroit du Sund, dans l'île de Seeland : on y

compte au delà de 112,000 habitants et elle possède un port magnifique où stationne ordinairement la flotte royale. Nulle ville de l'Europe
septentrionale n'offre autant d'établissements
scientifiques et littéraires Elle se distingue encore par sa régularité et la beauté de ses nombreux monuments publics. Elle fait un commerce
considérable.

Les autres villes remarquables du Danemarck,
sont :

ALTONA, sur l'Elbe, avec 27,000 âmes ; —
FLENSBERG, port considérable du Jutland, dans
le duché de Schlewig, sur la mer Baltique : on
y compte 16,000 habitants ; — *Elseneur*, sur le
détroit du Sund : c'est là que les navires marchands de toutes les nations doivent payer un
droit au Danemarck, pour traverser le détroit.—
Toutes les autres villes sont peu considérables et
nous les avons indiquées dans le tableau des divisions.

Dans l'Islande, nous nommerons *Reikiavik*,
Skalholt et *Madruval*, très-petites villes.

Ainsi, nous avons à retenir comme principales
villes du Danemarck : — Copenhague, Altona
et Flensberg.

EMPIRE RUSSE.

ÉTENDUE ET SITUATION.

Ce vaste empire embrasse, de l'ouest à l'est, plus de 215 degrés de longitude, depuis le 14ᵉ degré de longitude orientale, jusqu'au 130ᵉ degré de longitude occidentale de Paris ; — et il est compris entre le 40ᵉ degré jusqu'au 80ᵉ degré de latitude nord.

Ainsi du nord au sud il s'étend depuis le Spitzberg jusqu'au mont Ararat, et de l'ouest à l'est, depuis la Vistule au centre de l'Europe, jusqu'au delà du mont Saint-Elie, en Amérique, comprenant de cette manière toute l'Asie septentrionale. Ainsi le soleil éclaire toujours quelques contrées de cette immense domination.

C'est pour mieux juger de son étendue que nous avons tracé dans l'une de ces cartes l'ensemble de l'EMPIRE RUSSE formé de trois parties principales ; savoir :

La RUSSIE D'EUROPE à l'ouest, comprenant le royaume de Pologne et cherchant à soumettre la CIRCASSIE ;

La RUSSIE D'ASIE appelée aussi *Sibérie* ;

L'AMÉRIQUE RUSSE, bien moins importante et située à l'est au delà du détroit de Béhring.

Nous avons déjà décrit l'Amérique russe (page 252 et suivantes, première série), et la Russie asiatique (première série, page 159 et suivantes.) C'est pourquoi nous n'ajouterons à *cette dernière seulement* que quelques détails sur l'*hydrographie* et sur les *divisions administratives*.

L'empire russe est borné

Au *nord*, par l'océan Glacial arctique ;

A l'*ouest*, par la Suède, la Prusse, l'Autriche et la Turquie d'Europe ;

Au *sud*, par la mer Noire, la Turquie d'Asie, la mer Caspienne, le Turkestan, l'empire chinois et le grand Océan ;

A l'*est*, par la Nouvelle Bretagne ou l'Amérique anglaise du nord.

MERS, GOLFES, DÉTROITS, ETC.

L'océan Atlantique forme la MER BALTIQUE, dans laquelle on trouve sur les côtes de la Russie d'Europe le *golfe de Livonie*, le *golfe de Finlande* et celui de *Botnie*;

L'océan Glacial du nord forme la MER BLANCHE dans laquelle on peut remarquer les *golfes de Kandalaskaia*, d'*Onegskaia* et de *Dwinskaia*; — puis le *golfe Tcheskaia*; — plus à l'est, les *détroits de Kara* et de *Waigatz*, par lesquels on entre dans la MER DE KARA, dans laquelle on trouve aussi les *golfes de Kara* et d'*Erouvei*; — plus loin encore, en Asie, l'océan Glacial arctique forme les *golfes profonds de l'Ob* et de *Tazovskaia*; — puis ceux de *Iénisséi* et de *Khatanghe*; — et encore beaucoup plus à l'est, la *baie de Kolyma* et le *golfe de Tchaounskaia*.

On sait que par le *détroit de Béring* qui sépare l'Asie de l'Amérique, l'océan Glacial arctique communique avec le Grand-Océan.

Dans le Grand-Océan on trouve d'abord la MER DE BÉRING qui forme à l'ouest, sur les côtes de l'Asie, le *golfe d'Anadyr*, et la *baie Olioutorskaïa*;—puis la *mer de Tarrakai*; et d'*Okhotsk* dans laquelle on trouve le *golfe de Penjinskaya* et la *baie de Tongoura*.

On trouve sur les côtes de l'Amérique russe du sud au nord, la *baie de Bristol;* — le *golfe de Norton* et celui de *Kotzbue*.

Enfin la MER NOIRE forme le *golfe d'Odessa;* — et par le *détroit d'Enikale*, la *mer d'Azof*.

PRESQU'ILES.

Dans la mer Noire, on voit la *presqu'île de Crimée;*

Dans l'océan Glacial arctique, la *presqu'île de Kara-Ob*, entre la mer et le golfe de ce nom ;— la *presqu'île des Samoyèdes*, entre le golfe d'Iénisséi et le golfe Khatanghe ;

Dans le grand Océan, la *presqu'île de Kamtchatka;* — et la *presqu'île d'Aliaska*, dans l'Amérique russe,

CAPS.

Les principaux caps de l'empire russe, sont :

Le *cap Sviatoï*, et le *cap Camin*, à l'entrée de la mer Blanche ; — le *cap Mikulin*, vers le golfe de Tcheskaïa, tous trois en Europe ; le *cap Jelania*, dans la Nouvelle-Zemble ; — le *cap Matsol*, à l'entrée du golfe de l'Ob ; — le *cap Severovostochnoï*, à l'extrémité de la presqu'île des Samoyèdes : c'est le point le plus septentrional de l'Asie (voyez page 127, première série) ; — le *cap Nord;* — et le *cap Oriental*, dans le détroit de Béring ; — le *cap Thaddée*, vers le golfe d'Anadyr ; — le *cap Pokatchinskoï*, un peu plus au sud ; — et le *cap Lopatka*, à l'extrémité méridionale du Kamtchatka, — en Asie.

En Amérique, le *cap du prince de Galles*, en face du cap Oriental, dans le détroit de Béring ; — plus au nord, le *cap Golovnin* et le *cap Glacé*, puis les *pointes Barrow* et *Beechey*.

De tous ces caps, les plus importants à retenir sont : le cap Sviatoï, le cap Severovostochnoï ou Sacré, le cap Oriental, le cap Lopatka, et le cap du prince de Galles.

ILES.

Celles qui dépendent de l'Europe, sont :

Dans la mer Baltique ; — les *îles d'OEsel, Dago* et *Aland;*

Dans l'océan Glacial arctique ; — les *îles Kalgouef* et *Waigatz;* *l'archipel du Spitzberg*, beaucoup plus au nord-ouest ; — et vers le nord-est, la *Nouvelle-Zemble*.

Celles qui appartiennent à l'Asie, sont :

L'*île Bieloï*, vers la mer de Karà ; — les *îles Kotelnoy* et de la *Nouvelle-Sibérie;* — et les *îles aux Ours*, dans l'océan Glacial arctique (voy. première série, pag. 128) ;

Dans le Grand-Océan ; — les îles *Saint-*

Laurent et de *Béring ;* et quelques-unes des *Kouriles ;*

Les îles qui dépendent de l'Amérique russe sont :

Dans le grand Océan ; — l'île *Nouniwock*, l'île *Saint - Matthieu*, l'île *Pribuiloff*, et les îles *Aleutiennes* ; — puis, les îles *Kodiak* ; l'archipel du roi *Georges*, et l'île *du Prince de Galles* (voyez première série, page 258).

PENTES ET FLEUVES.

Les fleuves qui arrosent le vaste empire que nous étudions, se rendent dans cinq mers principales, qui forment ainsi cinq bassins différents, savoir :

Pente de la mer Caspienne ; — pente de la mer Noire ; — de la mer Baltique ; — de l'océan Glacial arctique ; — et du grand Océan.

1o PENTE DE LA MER CASPIENNE.

Cette pente appartient à la Russie d'Europe : voici les principaux fleuves qui y coulent :

L'*Oural*, qui descend des monts Ourals, sépare l'Europe de l'Asie, et passe à *Orenbourg*, *Ouralsk*, et *Gouriev* à son embouchure,

Le *Bol Ouzen* et le *Mal Ouzen*, qui ont un cours parallèle, et se perdent dans des lacs ;

Le *Volga*, que nous savons être le plus grand fleuve de l'Europe. Il prend sa source vers les monts Valdaï (voyez notre carte d'Europe), et coule d'abord à l'est, puis au sud, et enfin au sud-est pour se jeter dans la mer Caspienne, après avoir arrosé *Ostachkov* à sa source, TVER, *Ouglicht, Ribinsk,* JAROSLAV, KOSTROMA, NIJNI-NOVGOROD, *Tcheboksary,* KAZAN, SIMBIRSK, *Samara, Syzran, Volgsk,* SARATOV, *Tzaritzin, Popovinskaia,* et ASTRAKHAN. Ce grand fleuve reçoit :

A GAUCHE. — L'*Ounja*, qui passe à *Makariev;* — la *Vetlouga;* — la *Kama*, le plus considérable des affluents du Volga : cette rivière passe à *Perm, Sarapoul* et *Tchistopol :* elle est grossie à l'ouest par la *Viatka*, qui arrose VIATKA, et à l'est, par la *Kolva*, la *Tchiousovaia* et l'*Oufa*, qui passe à OUFA : cette dernière rivière est grossie par la *Bielaia ;* — le Volga, reçoit encore à gauche la *Samara*, qui se joint au Volga, vers la ville de *Samara.*

A DROITE. — L'*Oka*, qui passe à OREL, *Belev*, KALOUGA, *Serpoukhov*, RIAZAN, *Kasinov, Elatma, Mouron,* et NIJNI-NOVGOROD : l'Oka est grossie à gauche, par la *Moskwa*, qui arrose Moscou, et *Kolomna*, à droite, par la *Tzna*, qui arrose TAMBOW, et *Morchansk;* —le Volga reçoit encore à droite la *Soura* qui passe à Penza.

Les autres fleuves qui se rendent dans la mer Caspienne sont :

La *Kouma*, qui passe à *Georgievsk;*

Le *Terek*, qui arrose *Mosdok* et *Kizliar;* — et le *Samour;*

Au delà du Caucase, en Asie :

Le *Kour*, qui passe à TIFLIS et à *Salion;*
— il est grossi par l'*Aras*, dont une branche
passe à ERIVAN.

2° PENTE DE LA MER NOIRE.

On y trouve :

Le *Phase* ou *Rion*, qui arrose KHOUTAÏSSI, et
Poti, à son embouchure ;

Le *Kouban*, grossi du *Laba*, et qui passe à
EKATERINODAR ;

Le *Don*, qui coule du nord au sud, et
passe à TOULA, *Lebedian*, VORONÈGE, *Pau-
lovsk*, NOVO-TCHERKASK, et *Azof :* ce fleuve
reçoit :

A GAUCHE. — Le *Khoper ;* — et le *Ma-
nitch ;*

A DROITE. — Le *Donetz*, qui passe près de
KHARKOV ;

Le *Dniepr* ou *Dnieper*, qui prend aussi sa
source vers les monts Valdaï, et passe à *Wiazma*,
SMOLENSK, MOHILEV, KIEV, EKATERINOSLAV et
KHERSON ; — il reçoit :

A GAUCHE. — La *Desna*, qui arrose *Gis-
dra, Briansck, Novogorod-Severski*, et TCHER-
NIGOV ;

A DROITE. — La *Bérézina*, qui arrose *Bo-
bruisck ;* — le *Pripetz*, grossi du *Stuszez ;* —
et le *Boug*, qui arrose *Vinnitza*, et *Niko-
laïev ;*

Le *Dniestr* ou *Dniester*, qui vient de l'empire d'Autriche, et passe à KAMIENETZ, *Choc-*

zim, *Mohilev*, *Jampol*, et *Akkerman* à son embouchure ;

Le *Danube*, grossi par le *Pruth* ou *Prouth*, qui sépare la Russie d'Europe, de la Turquie.

3º PENTE DE LA MER BALTIQUE.

Voici les principaux fleuves qu'on y trouve :

La *Vistule* qui vient de l'Autriche, et passe à SANDOMIR, à VARSOVIE et à PLOCK : elle est grossie à droite par le *Bug* qui passe à *Brzese Litowski* ;

Le *Niémen* qui arrose GRODNO et *Kowno* ;

La *Duna* qui passe à VITEPSK, *Polotzk*, *Dunabourg*, et RIGA ;

La *Vélikaia* qui traverse le lac Peïpous : elle passe à PSKOV et à *Narva* ;

Le *Wolkow* qui arrose NOVOGOROD ;

La *Neva* qui passe à SAINT-PÉTERSBOURG (voy. carte d'Europe et 1re série, page 104-111) ;

La *Swir* qui fait communiquer ensemble les lacs Ladoga et Onega ;

L'*Uléa* qui passe à *Uléaborg* ;

La *Kemi* ; — et la *Tornéa* qui arrose *Tornéa* à son embouchure.

4º PENTE DE L'OCÉAN GLACIAL ARCTIQUE.

Les fleuves de cette pente qui appartiennent à l'Europe, sont :

La *Tana* ; — le *Panoï* ; — le *Kiatm* ; — le *Vig* ; — l'*Onéga* ; — la *Dwina* formée du *Souk-*

honia à l'ouest, et de la *Vitchegda* à l'est : elle passe à *Archangel;*

Le *Mezen* qui arrose *Mezen;* — la *Petchora* grossie, à droite par l'*Ousa;* — et la *Kara* petit fleuve qui sépare l'Europe de l'Asie.

En Asie, on trouve dans cette même pente :

L'*Ob* ou l'*Obi* qui descend des monts Altaï, et passe à *Barnaoul, Kaliwan* ou *Kolivan*, et *Bérézov* (voy. notre carte d'Asie et 1re série, pages 131-133) ; ce fleuve reçoit :

A GAUCHE, — l'*Irtyche* qui vient de l'empire chinois et passe à OMSK et à TOBOLSK : l'Irtyche est grossie par l'*Ichim* qui arrose *Petropav-lowsk*, et par la *Tobol* et la *Tavda;* — la *Soszva* qui se joint à l'Obi à *Bérezov;*

A DROITE, — le *Tchoulym;*

Le *Nadym* et le *Taz* très-petits fleuves;

Le *Iéniseï* ou *Ienisseisk;* qui vient de l'empire chinois et passe à *Minoussinsk, Krasnoiarsk,* IÉNISSEISK et *Touroukhansk*, ce grand fleuve reçoit, à droite :

La *Toungouska supérieure* qui sort du lac Baïkal et passe à IRKOUTSK ; cette rivière est grossie par la *Tassieteva;* — la *Toungouska* du centre, et la *Toungouska inférieure;*

On trouve ensuite : — la *Piasina,* — la *Kha-tangha,* — l'*Ananbara* et l'*Oleneck;*

Le *Lena* qui prend sa source vers les monts Baïkaliens et passe à JAKOUTSK, et *Jigansk;* — il reçoit à gauche plusieurs affluents; et à droite, le *Vitime*, l'*Olekma* et l'*Aldan;*

Enfin, le *Jana,* — l'*Indighirka,* — et la *Kolyma* grossie de l'*Omolon;*

5o PENTE DU GRAND OCÉAN.

On y trouve :

L'*Anadyr*, et l'*Onemen* qui coulent tous deux dans le golfe d'Anadyr.

Pour tous les principaux fleuves qu'il faut s'attacher à retenir, consultez les cartes d'Europe et d'Asie.

MONTAGNES.

Les principales montagnes de la Russie, sont les *monts Caucase*, le *mont Ararat*, les *monts Ourals*, les *monts Olonetz*, les *monts Valdaï*, etc., en Europe; — en Asie, les *monts Dalaï*, *Tarbagatai*, *Sayaniens*, *Baikaliens*; les *monts Nertchinsk*, *Yablonnoi*, *Stanovoi*, *Aldan*, et *Stanovoi Khrebet*, etc., et ceux du *Kamtchatka*; — en Amérique, le *mont Saint-Elie*, l'un des plus hauts sommets de la terre. Consultez les cartes d'Europe, d'Asie, d'Amérique du nord, et 1re série, pages 115, 142, 148, 266, 268.

LACS.

Les principaux lacs de l'empire russe, sont :

En Europe, — les lacs *Enara*, *Imandra*, *Nesiarvis*, *Payana*, *Saïma*, *Ladoga*, *Onéga*, *Illmen* et *Peipous*.

En Asie, — le lac *Sébanga* au pied du mont Ararat; — les *marais Tchany*, les lacs *Balkachi*, *Alak Tougoul*, et le *lac Baïkal*, le plus grand de tous.

CLIMATS ET PRODUCTIONS DES TROIS RÈGNES.

Nous renvoyons pour ces divers articles à la 1re série, pages 119, 121, 152, 156.

SUPERFICIE ET POPULATION.

On porte à 1,026,965 lieues carrées environ la superficie totale de l'empire russe, ce qui dépasse, de plus d'un dixième, deux fois la superficie de l'Europe, égale seulement à 484,948 lieues carrées (voy. 1re série, page 77). Mais cette vaste surface n'est habitée que par 60,150,000 âmes, ce qui donne pour chaque lieue carrée à peu près 58 habitants (voy. 1re série, page 159).

DIVISIONS.

Nous n'ajouterons rien à ce que nous avons dit sur l'AMÉRIQUE RUSSE, dans la description de l'Amérique septentrionale, et nous nous bornerons à remarquer que les seuls établissements que la Russie y ait formés, sont : la *Nouvelle-Archangel* dans une île de l'Archipel du roi Georges ; — et le *fort Alexandre* près de l'île Kodiak.

Pour la RUSSIE ASIATIQUE, nous ajouterons ici le tableau de ses divisions administratives, renvoyant pour tout le reste à la description que nous avons donnée de cette vaste contrée dans la première série de ce précis, pages 159, 161.

SIBÉRIE.

La Sibérie se divise maintenant en *dix provinces* sous diverses dénominations, comme on peut le voir dans le tableau suivant :

De l'ouest à l'est.

Provinces.	Chefs-lieux.	Villes remarquables.
Le pays des Kirghiz Kaïsak.		
La province d'Omsk.	Omsk.	
Le gouvernement de Tobolsk.	Tobolsk.	Capitale de toute la Sibérie
Le gouvernement de Tomsk.	Tomsk,	
Le gouvernement d'Jenisseïsk.	Krasnoïarsk.	Yenisseïsk.
Le gouvernement d'Irkoustk.	*Irkoutsk.*	Nertchinsk.
La province d'Yakoutsk.	Yakoutsk.	
Le district d'Okhotsk.	Okhotsk.	
Le pays des Tchouktchi.		
Le district de Kamtchatka.	Petropavlovskoï,	

Nous devons faire remarquer que les autres provinces russes d'Asie, au delà du Caucase, sont ordinairement comprises dans les divisions administratives de la Russie d'Europe, comme on le voit dans la carte que nous décrivons.

RUSSIE D'EUROPE.

DIMENSIONS, SUPERFICIE, POPULATION.

La plus *grande longueur* de la Russie d'Europe, du nord-ouest au sud-est, est de 767 lieues; — sa plus *grande largeur* du sud-ouest au nord-est, est d'environ 542 lieues. Sa *superficie* en y comprenant le royaume de Pologne, mais sans y comprendre les provinces au delà du Caucase, est de 266,597 lieues carrées, ce qui dépasse la moitié de l'Europe de presque toute la superficie de la France. La *population absolue* est de 56,500,000 âmes, ce qui donne presque 212 habitants pour chaque lieue carrée.

RELIGION ET GOUVERNEMENT.

La religion dominante de la Russie d'Europe est la *religion grecque orthodoxe*, mais tous les autres cultes y sont librement professés et l'on y trouve, surtout en Pologne, un grand nombre de *catholiques romains;* puis des *luthériens*, des *mahométans*, des *juifs*, et même des *idolâtres* grossiers.

Le gouvernement forme une monarchie absolue dont l'*empereur* est le seul chef. Cependant le *conseil de l'empire*, le *sénat dirigeant*, et le *saint Synode*, exercent dans toutes les affaires importantes, une puissante et salutaire influence.

INDUSTRIE ET COMMERCE.

Quoique fort en arrière encore des autres pays les plus civilisés de l'Europe, la Russie a fait d'immenses progrès dans l'*industrie*, qui peut se diviser en trois branches principales; l'industrie des gens de la campagne, qui fabriquent assez généralement tous les objets dont ils ont besoin et même au delà; l'industrie des corps de métiers qui résident dans les villes et dont les nombreux ouvriers se perfectionnent chaque jour davantage ; et l'industrie des manufactures qui acquiert un grand développement et peut rivaliser, pour un grand nombre de produits, avec les premières nations du monde : on remarque surtout les fabriques de cuirs, qui n'ont pas d'égales dans le reste de l'Europe.

Les principaux ports de *commerce* de la Russie, sont : Saint-Pétersbourg, Riga, Odessa, Archangel, Rével et Helsingfors ; et le commerce de ce vaste état devient de jour en jour plus considérable et plus étendu.

DIVISIONS ET TOPOGRAPHIE.

La Russie d'Europe est maintenant divisée en *quarante-neuf parties*, dont la plupart portent le nom de *gouvernements*, et les autres celui de *provinces* ou *pays*. Ordinairement le nom du chef-lieu est le même que celui de la province, comme on peut le voir dans le tableau suivant, où nous avons aussi marqué les principales villes de chaque gouvernement.

	Gouvernements	Chefs-lieux.	Villes remarquables.
RUSSIE BALTIQUE. 6. (formee des provinces conquises sur la Suede.	Grand-duche de Finlande....	Helsingfors.	Abo.
	St-Petersbourg.	SAINT-PETERSBOURG.	Cronstadt Narva.
	Esthonie.......	Revel.	
	Livonie.......	RIGA.	Dorpat.
	Courlande....	Mittau.	

	Gouvernements.	Chefs-lieux.	Villes remarquables.
GRANDE RUSSIE. 19.	Archangel	Archangel.	
	Olonetz	Petrozavodsk.	
	Novgorod	Novgorod.	
	Tver	Tver.	
	Jaroslav	Jaroslav.	
	Vologda	Vologda.	
	Kostroma	Kostroma.	
	Vijni - Novgorod	Vijni - Novgorod.	
	Vladimir	Vladimir.	
	Moscou	Moscou.	
	Riazan	Riazan.	
	Tambov	Tambov.	Kozlov.
	Voronege	Voronege.	
	Koursk	Koursk.	
	Orel	OREL.	Elets.
	Toula	TOULA.	
	Kalouga	Kalouga.	
	Smolensk	Smolensk.	
	Pskov	Pskov.	
RUSSIE OCCIDENTALE. 8. (Provinces formées de l'ancienne Pologne)	Witepsk	Witepsk ou Vitepsk.	
	Wilna	Wilna.	
	Grodno	Grodno.	
	Bialystock	Bialystock.	
	Minsk	Minsk.	
	Mohilev	Mohilev.	
	Volhynie	Jitomir.	
	Podolie	Kamienelz	
PETITE-RUSSIE. 4.	Kiev	Kiev.	
	Tchernigoy	Tchernigov.	Nechine
	Stobodes d'U-kraine.	Kharkov.	
	Poltava	Poltava	
RUSSIE MERIDIONALE. 5. (Provinces enlevées à l'empire Ottoman).	Bessarabie	Kichinev.	Akkerman.
	Kherson	Kherson	ODESSA.
	Tauride (et pays des Cosaques de la mer Noire.)	Simpheropol.	Ekatérinodar.
	Ekaterinoslav	Ekaterinoslav.	
	Pays des Cosaques du Don.	NovoT-cherkask.	

Gouvernements.	Chefs-lieux.	Villes remarquables.

RUSSIE ORIENTALE. 8. (Anciens royaumes de Kazan et d'Astrakhan).

	Gouvernements.	Chefs-lieux.	Villes remarquables.
	Astrakhan. . . .	ASTRAKHAN.	
	Saratov	SARATOV.	
	Orenbourg. . . .	Oufa.	Orenbourg.
	Simbirsk.	Simbirsk.	
	Penza.	Penza.	
	Kazan.	KAZAN.	
	Viatka.	Viatka.	
	Perm.	Perm.	

Le royaume de Pologne se divise en huit gouvernements ou palatinats, en voici le tableau :

ROYAUME DE POLOGNE, 8.

Gouvernements.	Chefs-lieux.
Augustov.	Suwalki.
Plock.	Plock.
Mazovie.	Varsovie.
Kalisz.	Kalisz.
Kracovie.	Kielce.
Sandomir.	Sandomir.
Lublin.	Lublin.
Podlaquie.	Siedler.

Les provinces du Caucase, sont :

LE CAUCASE. 6.

Gouvernements.	Chefs-lieux.
Caucase.	Stavropol.
Daghestan. . . .	Kouba.
Chirvan	Bakou.
Arménie.	Erivan.
Géorgie.	*Tiflis* (voy. pr. série, p. 160)
Imerethi.	Khoutaïssi.

Ainsi, en y comprenant l'Amérique russe, l'empire de Russie compte en tout *soixante-cinq provinces*.

TOPOGRAPHIE.

SAINT-PÉTERSBOURG, bâtie sur la Néva, à l'extrémité orientale du golfe de Finlande, est le chef-lieu du gouvernement de ce nom et la capitale de tout l'empire. C'est une très-grande

et superbe ville, admirablement bien bâtie et regardée comme l'une des plus belles capitales du
monde. Elle renferme des places, des rues et des
monuments magnifiques, avec de nombreux établissements pour les sciences et les lettres. Fondée par Pierre le Grand, au commencement du
dix-huitième siècle, Saint-Pétersbourg compte
aujourd'hui une population qui dépasse 449,000
habitants ; — *Kronstadt*, remarquable par son
port et ses formidables fortifications ;

Riga, avec 42,000 âmes, ville forte et l'une
des plus commerçantes de l'Europe : elle est située sur la rive droite de la Duna, au fond du
golfe de Livonie ;

Archangel, au fond du golfe de Dwinskaïa,
dans la mer Blanche, à l'embouchure de la Dwina :
c'est un port considérable et l'on y compte 19,000
habitants, — *Tver*, sur le Volga, ville industrieuse
de 22,000 âmes, elle possède un superbe palais
impérial ; — *Jaroslaw*, sur le Volga, ville considérable et plus industrieuse encore, et qui
compte 24,000 habitants ;

Moscou, grande ville, avec une population
qui dépasse 250,000 âmes : cette ville, placée
au centre de la Russie d'Europe, était autrefois la
capitale de l'empire et en est encore la cité la plus
commerçante de l'intérieur. On y admire une
foule de magnifiques monuments, et entr'autres le fameux Kremlin, l'ancienne demeure des
Czars ; — *Riazan*, sur l'Oka, et *Voronège*,
près du Don : elles comptent chacune 19,000
âmes ; — *Koursk*, célèbre par la beauté de ses

fruits ; sa population dépasse 23,000 habitants ;

Orel , située vers les sources de l'Oka , on y compte 30,000 habitants , et elle fait un commerce considérable de grains ;

Toula , avec 39,000 habitants , un vaste arsenal et de riches mines de fer dans son voisinage : elle est située sur le Don ; — *Kalouga* , sur l'Oka , avec 26,000 âmes : son commerce est considérable ;

Wilna , ancienne capitale de la Lithuanie et l'une des villes les plus importantes de l'empire . elle est surtout célèbre par son université. On vante la beauté de sa cathédrale ; population , 56,000 habitants ; — *Mohilev* , ville assez considérable , de 21,000 habitants ;

Kiev , sur la rive droite du Dniéper , avec une population égale à celle de Wilna. C'est l'ancienne capitale de la petite Russie et longtemps le séjour des grands ducs de Russie. On remarque surtout le palais impérial , la cathédrale et la citadelle. Elle possède une célèbre université ecclésiastique ; — *Kichinev* , chef-lieu de la Bessarabie , avec une population de 20,000 âmes ;

Odessa , grande et belle ville de 33,000 habitants , et port considérable de la mer Noire sur le golfe d'Odessa : c'est une des premières places commerçantes de l'Europe orientale ;

Astrakhan, sur la mer Caspienne, à l'embouchure du Volga : c'est l'entrepôt du commerce de la Russie avec la Perse, la Boukharie et l'Inde : on lui accorde 40,000 habitants ,

Saratov , avec 35,000 âmes : c'est une belle ville, florissante et par son commerce et par son industrie : elle est située sur la rive droite du Volga,

Kazan, ville considérable de 48,000 habitants; elle est bâtie sur la rive gauche du Volga et se distingue surtout par son industrie : elle fut célèbre pendant la dernière moitié du moyen-âge ;

Varsovie. Capitale du royaume de Pologne ; située sur la Vistule. C'est une grande et belle ville et la troisième de l'empire russe : on lui accorde au delà de 150,000 âmes.

En terminant cette carte, rappelons-nous qu'il faut retenir entre toutes ces villes : — Saint-Pétersbourg, Moscou, Varsovie, Wilna, Kiev, Kazan, Riga, Toula, Saratov, Odessa et Orel.

ILES BRITANNIQUES.

SITUATION.

'Cette partie de l'Europe occidentale du nord (1re série, pag. 98) est comprise entre le 50e degré et le 61e degré de latitude boréale, depuis les *îles Shetland* au nord jusqu'à *l'île de Jersey* au sud, et entre 0 degré 35 minutes, et le 13e degré de longitude à l'ouest de Paris.

LIMITES.

Les Iles Britanniques entourées par l'Océan, sont bornées, au *nord* et à l'*ouest* par l'océan Atlantique ;

Au *sud-est*, par la Manche et le Pas-de-Calais qui les séparent de la France ;

A l'*est*, par la mer du Nord.

MERS, GOLFES, BAIES ET DÉTROITS.

Au nord, on trouve entre les îles Orcades et l'extrémité de l'Ecosse, le *détroit de Pentland ;* puis, à l'ouest, entre l'Ecosse et les Hébrides, on entre successivement dans deux larges canaux ; le *grand Minsh et le petit Minsh ;* plus bas, vers le sud-est, le *détroit de Jura,* entre l'île de ce nom et l'Ecosse, et entre ce dernier pays et l'Irlande, le *canal du Nord* qui forme au nord le *détroit de Kilbrannan* et le *golfe de Clyde*, séparés l'un de l'autre par l'île d'Arran. Du canal du Nord on entre dans la *mer d'Irlande*, qui s'étend entre l'Irlande et l'Angleterre, sur les côtes de laquelle elle forme la *baie de Luce*, la *baie Wigtown*, le *golfe de Solway* et la *baie de Morecambe*. Après la mer d'Irlande, on trouve le *canal Saint-Georges*, qui forme sur les côtes de la principauté de Galles, la *baie de Caernarvon*, la *baie d'Harlech*, la *baie de Cardigan* et celle de *Saint-Bride*. Puis au sud du pays de Galles on entre dans le *canal de Bristol*.

Sur les côtes méridionales de l'Angleterre, dans la Manche, on trouve la *Mounts-Baie*, le *havre de Plymouth*, et par le *Pas-de-Calais*, on entre dans la mer du Nord qui forme la vaste *embouchure de la Tamise*, le *Wash*, le golfe d'*Humber*, sur les côtes de l'Angleterre ; et sur les côtes de l'Écosse, les golfes de *Forth*, de *Tay*, de *Murray* et de *Dornoch*.

Autour de l'Irlande, vers l'ouest, l'océan Atlantique forme la *baie Donegal*, sur les côtes de l'Ulster ; et sur celles du Connaught, la *baie Killala*, le *Large-Hâvre*, la *Black-Soad baie*, la *baie Clew*, la *baie Birtibac*, la *baie de Kilkerran*, et celle de *Galway* ; sur les côtes du Munster, les *baies de Dumbeg*, du *Shannon*, de *Tralée*, de *Dingle*, de *Ballynaskellig* et de *Bantry* ; puis le *havre de Baltimore* et celui de *Cork* ; enfin sur les côtes du Leinster, le *havre de Wexford* dans le canal Saint-Georges.

PRESQU'ILES.

La petite distance qui sépare l'embouchure du Forth de celle de la Clyde, pourrait faire considérer l'*Ecosse du nord* comme une presqu'île ; il en serait de même de toute la *partie de l'Angleterre comprise* entre le canal de Bristol et l'embouchure de l'Exe dans la Manche. Au reste, les côtes de la Grande-Bretagne et de l'Irlande forment une multitude de presqu'îles trop peu considérables pour les signaler.

CAPS.

Sur les côtes de l'Ecosse, — le *cap Kinnaird* à l'est, le *cap Tarbat* qui sépare le golfe de Murray de celui de Dornoch, le *cap Duncansby* et le *cap Wrath*, tous deux au nord ; et au sud-ouest dans la mer d'Irlande, le *cap Burrow*.

Sur les côtes du pays de Galles, la *pointe Braichy* dans le canal Saint-George.

Sur les côtes de l'Angleterre,—le *Land's End*, le *cap Lizard*, la *pointe Start* et le *cap Beachy* au sud dans la Manche ; le *cap Sprun* à l'embouchure de l'Humber, et le *cap Flamborough*, tous deux dans la mer du Nord.

Autour de l'Irlande, — en commençant au nord, le *cap Bangor*, le *cap Glenegad*, le *cap Malin* et le *cap Horn*, dans l'Ulster, le *cap Sline* dans le Connaught ; le *cap Leane* et le *cap Mizen* sur les côtes du Munster ; et sur celles du Leinster, dans le canal Saint-George et la mer d'Irlande, la *pointe Greenore* et le *cap Wicklow*.

Parmi tous ces caps, il faut surtout remarquer le *cap Duncansby*, le *cap Mizen* et le *cap Land's End*.

ILES.

Outre la Grande Bretagne et l'Irlande qui forment le noyau de la monarchie britannique, on trouve encore :

Au nord, — les ILES SHETLAND dont les plus remarquables sont du nord au sud, *Unst*, *Yell* et *Mainland* la plus grande, dont la capitale *Lerwick*, bâtie au fond de la *baie de Bressay* est le rendez-vous général des navires qui vont à la pêche du hareng ; — les ORCADES, où l'on remarque *Sanda*, *Stronza*, *South Ronaldsha*, *Hoy* et *Mainland* ou *Pomona*, qui est la plus considérable : *Kirkwall* est sa capitale ; — les ILES HÉBRIDES ou occidentales où l'on remarque surtout *Lewis* séparée de *Nord-Uist* par le *détroit de Harris*; puis *Skie* l'une des plus grandes ; *Bambecula*, *Sud-Uist*, et *Barra*. — Les autres îles qui dépendent de l'Ecosse, sont, à l'ouest, *Rum*, *Coll*, *Tyrey*, *Mull*, et entre ces deux dernières le petit *îlot de Staffa* si remarquable par la grotte de Fingal ; plus au sud, les îles de *Jura*, d'*Islay*, d'*Arran*, et de *Bute* : ces deux dernières sont dans le golfe de Clyde.

Dans la mer d'Irlande, — l'*île de Man* : sa capitale est *Castletown*; l'île d'*Anglesey*, antique séjour des druides, son chef-lieu est *Beaumaris*.

A sud-est, — *l'archipel de Scilly* ou, *îles Sorlingues*, *Newton* en est la capitale ; — dans la Manche, *l'île de Wight*, chef-lieu *Newport*; — et sur les côtes de France, *Aurigny*, *Guernesey* avec un chef-lieu nommé *Saint-Pierre*; et *Jersey* dont la capitale est *Saint-Helier*. — Près de l'embouchure de la Tamise, on trouve l'île *Scheepy* et celle de *Thanet* fameuse dans l'histoire du moyen-âge.

Enfin, sur les côtes de l'Irlande nous nommerons, *l'île Rachlin*, dans l'Ulster, et *l'île Achill*, à l'ouest du Connaught.

PENTES ET FLEUVES.

On peut diviser la GRANDE-BRETAGNE en trois pentes, savoir :

La *pente du nord-est*, qui s'étend du cap Dunscansby, au nord de l'Ecosse, jusqu'à l'embouchure du Stour vers l'île de Thanet.

La *pente du sud-est* ou de la Manche, depuis l'île de Thanet, jusqu'au cap Land's-End;

La *pente Occidentale*, qui commence au cap Land's-End et se termine au cap Duncansby.

1º PENTE DU NORD-EST OU DE LA MER DU NORD.

Voici les fleuves principaux qui s'y trouvent:

1º En ANGLETERRE, — le *Stour*, qui passe à CANTERBURY, et forme, à son embouchure, l'île de Thanet; la *Medway*, à son embouchure se trouve *Chatham*; — la *Tamise*, qui coule vers l'est et passe à READING, *Wind-sor*, LONDRES, *Greenwich*, *Woolwich* et *Gra-vesend* : ce grand fleuve reçoit à droite l'*Isis*, qui passe à OXFORD, et à gauche la *Lea*, qui passe à HERTFORD, — Le *Stour* du nord, qui coule aussi à l'est; — la *Yare* qui passe à NORWICH, et à *Yarmouth* vers son embouchure; — l'*Ouse* (Great), qui passe à BUCKINGHAM, BEDFORD, HUNTINGDON et *Lynn Regis* : elle est grossie à droite par *Litle Ouse*, et se décharge dans le Wash; — le *Nen* qui arrose NORTHAMPTON, et le *Witham* qui baigne LINCOLN coulent aussi dans le Wash; — l'*Humber*, large et profonde embouchure formée par la réunion de la *Trent* qui passe à STAFFORD, près de DERBY, à NOT-TINGHAM, et reçoit à gauche l'*Ashop*, qui passe à *Cromford;* et de la Swaale ou *Ouse* qui passe à YORK : cette rivière est grossie à droite par le *Wharfe*, et par l'*Air* qui passe à *Bradford* et à *Leeds*, à gauche par le *Derwent*; — la *Tees* qui traverse le comté de DURHAM; — la *Tyne* formée par une branche du nord et une bran-che du sud, et qui arrose NEWCASTLE; — le *Coquet* dans le Northumberland; — et la *Tweed* qui arrose BERWICK, en Angleterre, qu'elle sépare de l'Ecosse.

2° En ECOSSE, — la *Tweed* que nous ve-nons de nommer et qui passe à PEEBLES et près de SELKIRK; — le *Forth*, qui passe à STERLING; —l'*Earn*, qui se jette dans le golfe de Tay, ainsi que la *Tay* qui vient du lac de ce nom et passe à PERTH; — l'*Esk*, qui coule dans la mer du Nord un peu au sud de *Montrose*; — la *Dee*

qui baigne à son embouchure Nouveau Aberdeen ; — le *Deveron* , qui court au nord et arrose Banff à son embouchure ; — la *Spey* , qui
coule au nord un peu à l'est d'Elgin ; — la
Beauty , qui se jette dans le golfe de Murray ;
et quelques autres rivières peu considérables.

2° PENTE OCCIDENTALE.

Les fleuves principaux de cette pente, sont :

1° En ECOSSE , — la *Clyde*, qui arrose
Lanerk, *Hamilton* , *Glascow* , Renfrew , *Kil-
patrik* , Dumbarton et *Greenock;* — le *Doom* ,
qui se jette dans le golfe de Clyde un peu au-
dessous de Ayr ; — le *Nith*, qui passe à Dum-
fries et se rend dans le golfe de Solway , etc.

2° En ANGLETERRE,—la *Liddel*, qui descend des monts Cheviots, sépare l'Ecosse de l'Angleterre , passe à *Gretna-Green*, en Ecosse ,
et se jette dans le golfe de Solway ; — l'*Eden*,
qui passe à Appleby , et Carlisle , son embouchure touche à celle de la Liddel ,—le *Derwent*,
qui se jette aussi dans le golfe de Solway ; —
la *Loyne* , qui arrose Lancaster à son embouchure ; — la *Ribble;* — la *Mersey* , qui passe
un peu au sud de *Manchester* et qui baigne *Liverpool* à sa vaste embouchure.

3° DANS LE PAYS DE GALLES ; la *Dee*,
qui sépare la principauté de Galles de l'Angleterre , arrose Chester dans ce dernier pays , et
dans l'autre, à sa large embouchure, flint et
Holywell; — le *Convay* , qui coule au nord ;
le *Dyft*, à l'ouest ; — ainsi que le *Teift*, qui

passe à Cᴀᴀᴀᴀᴀᴀ ; — la *Tawey* , qui se jette au sud dans le canal de Bristol, et arrose Cᴀᴇʀᴍᴀʀ-ᴛʜᴇɴ.

4° En ANGLETERRE, encore. — l'*Uske*, qui passe à Bʀᴇᴇ°ɴᴏᴄᴋ dans le pays de Galles, et se jette dans la Severn à l'est de Cᴀʀᴅɪғғ ; — la *Severn*, qui vient du pays de Galles, où elle arrose Mᴏɴᴛᴳᴏᴍᴇʀʏ, puis en Angleterre Sʜʀᴇᴡᴛ-ʙᴜʀʏ, Wᴏʀᴄᴇᴛᴇʀ, Gʟᴏᴄᴇᴛᴇʀ, et *Berkley* · elle reçoit à droite, la *Wye*, qui arrose Hᴇʀᴇ-ғᴏʀᴅ, Mᴏɴᴍᴏᴜᴛʜ, et *Chepstow* à son embouchure dans la Severn ; cette dernière reçoit à gauche l'*Avon* du nord, qui passe à *Coventry*, Wᴀʀᴡɪᴄᴋ, et l'*Avon* du sud, qui arrose *Frome*, Bᴀᴛʜ et Bʀɪᴛᴏʟ ; — enfin le *Parret*, petite rivière qui court se jeter au nord dans le canal de Bristol.

3° **PENTE DU SUD-EST OU DE LA MANCHE.**

On y trouve :

En ANGLETERRE, — le *Tamar*, qui arrose Lᴀᴜɴᴄᴇᴛᴏɴ, et se jette dans le havre de *Plymouth* ; — l'*Exe*, qui passe à Eᴏᴇᴛᴇʀ ; — l'*Avon*, qui passe près de Sᴀʟɪʙᴜʀʏ et à *Christ-Church* à son embouchure ; — le *Tese*, qui coule au sud dans la Manche tout près de *Southampton*, — et l'*Arundel*, petite rivière qui coule au nord-est de Cʜɪᴄʜᴇᴛᴇʀ.

L'IRLANDE peut se diviser en quatre pentes, savoir :

La *pente du nord*, depuis le cap Bangor jusqu'au Large havre ;

·La *pente occidentale*, de ce havre jusqu'au cap Mizen ;

La *pente du sud-est*, depuis le cap Mizen jusqu'à la pointe Greenore ;

La *pente orientale ou de la mer d'Irlande*, depuis la pointe Greenore jusqu'au cap Bangor.

1° PENTE DU NORD.

Voici les principaux fleuves qui y coulent :

1° *Dans l'Ulster.* — Le *Bann* qui prend sa source au nord-est de *Newry*, traverse le *lac Neagh* et coule au nord en arrosant *Coleraine ;* —la *Foyle*, qui arrose OMAGH et LONDONDERRY, à son embouchure où elle forme le *lac Foyle* ; elle est grossie à gauche par le *Finn* ; — l'*Erne*, qui prend sa source à l'ouest de DUNDALK, dans le Leinster, passe à ENNISKILLEN, traverse le *lac Erne* et débouche dans la baie de Donegal ;

2° *Dans le Connaught.* — Le *Moy*, qui traverse le *lac Conn* et se jette dans la baie Killala.

2° PENTE OCCIDENTALE.

On y trouve :

1ª *Dans le Connaught.*— La *Clare*, qui passe à l'ouest de *Tuam* et à GALWAY, vers son embouchure ;

2° *Dans le Munster.* — Le *Shannon*, qui a sa source principale dans le *lac Arrow* et passe à CARRICK dans le Connaught, traverse le *lac Ree*, arrose *Banagher* dans le Leinster, traverse le *lac Shannon*, passe à LIMERICK dans le Munster et se décharge à l'ouest par une vaste et profonde embouchure sur la rive septentrionale de laquelle on trouve ENNIS et *Kilrush :* ce fleuve considérable reçoit à droite le *Suek*, qui traverse le Connaught et arrose *Ballinasloe ;* à gauche, le *Deal*, petite rivière ; — le *Kenmare*, petit courant d'eau qui mérite à peine d'être cité.

3° PENTE DU SUD-EST.

Fleuves principaux :

1° *Dans le Munster.* — Le *Lee*, qui passe à CORK ; — le *Blackwater*, qui arrose *Mallow*, *Lismore* et *Youghal* ; — la *Suire*, qui arrose *Thurles*, CLONMEL, *Carrich*, WATERFORD et *New-Geneva*.

2° *Dans le Leinster.* — Le *Barrow*, qui prend sa source un peu au nord de MARY-BOROUGH, passe à CARDOW et vient se décharger dans la même embouchure que la Suire.

4° PENTE ORIENTALE OU DE LA MER D'IRLANDE.

On y trouve :

Dans le Leinster. — Le *Slaney*, qui arrose *Ennyscorthy* et WEXFORD ; — la *Liffy*, qui passe un peu à l'est de KILDARE et à DUBLIN ; et la *Boyne* qui arrose TRIM.

Remarquons que parmi tous les fleuves que nous venons de nommer, les principaux sont :

Pour l'Angleterre, la Tamise, l'Ouse du sud, l'Humber et la Severn ; — *pour l Ecosse*, la

Tweed, le Tay, la Spey et la Clyde ; — *pour l'Irlande*, le Shannon et le Barrow.

CANAUX.

Les Iles Britanniques, l'Angleterre surtout, sont sillonnées par un nombre considérable de canaux dont nous allons faire connaître ici les plus remarquables :

En Angleterre. — Le *Grand-Tronc*, qui fait communiquer la Mersey avec la Trent et lie les deux grands ports de Liverpool et de Hull, en passant par Stafford, Derby et Nottingham, où il se jette dans la Trent ; — le *canal de Bridgewater*, qui communique avec le précédent et va de Manchester à Liverpool ; — le *canal de Liverpool à Leeds*, qui met en communication ces deux villes, prend naissance au canal de Bridgewater, passe à *Blackburn*, à *Bradford* et se termine à *Leeds* dans la rivière *Air*, affluent de l'Ouse du nord ; — le *canal de Lancaster*, qui commence à celui de Bridgewater, remonte au nord, passe à Lancaster et se termine à *Kendal*, dans le Westmoreland ; — le *canal de Birmingham*, qui commence à Chester, à l'embouchure de la Dée, passe à *Namptwich, Wolwerhampton, Birmingham*, et se termine à Warwick, sur l'Avon ; de Birmingham, ce canal va se joindre au nord à celui du Grand-Tronc, — le *canal d'Oxford*, qui va de Warwick à Oxford, et qui joint la Tamise à la Severn ; — le *canal de grande jonction*, qui commence au Grand-Tronc, près de Nottingham, passe à Leicester et vient se

5.

terminer à LONDRES ; — le *canal d'Arundel,* qui lie la Tamise à la Manche , passe à GUILDFORD et se termine presque à l'embouchure de l'Arundel.

EN ÉCOSSE — Le *canal de Forth et de Clyde,* il passe à *Glascow, Falkirk,* LINLITHGOW, ÉDIMBOURG et *Leith ;* — le *canal Calédonien,* qui par une suite de lacs fait communiquer la mer du Nord avec l'océan Atlantique , il commence à INVERNESS et se termine à *Fort-William,* à l'embouchure du *Laggen :* il peut porter des vaisseaux de guerre,

EN IRLANDE. — Nous ne citerons que le *canal Royal,* qui commence à DUBLIN, passe à PHILIPSTOWN et se termine dans le Shannon.

MONTAGNES.

EN ANGLETERRE. — Au sud-ouest on remarque les hautes collines de *Dartmoor ;* — et au nord dans le Northumberland , plusieurs chaînes de petites montagnes qui vont se joindre aux *monts Cheviot.*

DANS LA PRINCIPAUTÉ DE GALLES. — On cite le *mont Snowdon ,* sommet culminant de toutes les hautes chaînes qui parcourent ce pays.

EN ÉCOSSE, — On trouve au sud les *monts Cheviot,* qui séparent l'Ecosse de l'Angleterre ; — puis au nord, les *monts Grampian* d'où descendent le Tay , la Dee et la Spey.

EN IRLANDE. — On remarque quelques chaînes trop peu considérables pour être nommées ici.

LACS.

Les principaux lacs des Iles-Britanniques, sont :

En ANGLETERRE, — ceux de *Cumberland* et de *Westmoreland;*

En ECOSSE, — le *Loch Lomond* au nord de Dumbarton ; — le *Loch Tay*, — le *Loch Ness*, que traverse le canal Calédonien ; — et tout à fait au nord le *Loch Naver;*

En IRLANDE, — le *lac Neagh*, qui est le plus grand, le *lac Strangford* et le *lac Erne* dans l'Ulster ; — le *lac Conn*, le *lac Mask*, le *lac Corrib*, et le *lac Arrow*, dans le Connaught ; — le *lac Killarney*, si célèbre par ses beautés romantiques : il est dans le Munster ; — dans le Leinster, le *lac Ree*, traversé par le Shannon.

CLIMATS.

Le climat de la *Grande-Bretagne* est en général fort tempéré et plus doux que sa latitude semblerait d'abord le faire croire. Cela tient à sa situation au milieu de l'océan Atlantique, dont les vents attiédis adoucissent les froids de l'hiver et tempèrent la chaleur de l'été qui, sans cela, seraient fort considérables, surtout en Ecosse, à cause de la longueur des jours et des nuits, suivant les saisons. C'est pour la même raison que les côtes occidentales de l'île sont presque les deux tiers de l'année inondées par les pluies qu'amènent les vents d'ouest et du sud-ouest. Les côtes orientales sont généralement plus froides et bien plus saines, parce qu'elles reçoivent le vent sec du continent européen.

Le climat de l'Irlande est à la fois plus doux mais aussi plus humide que celui de l'Angleterre et de l'Ecosse, surtout dans sa partie occidentale. En général, on peut ne considérer pour les Iles Britanniques que deux saisons : l'hiver, qui dure huit mois, et l'été qui commence vers le mois de juillet et finit en octobre.

MINÉRAUX.

La monarchie anglaise possède d'abondantes mines de *houille* surtout dans le nord de l'Angleterre, dans le sud du pays de Galles, et dans le centre de l'Ecosse ; — quelques mines de *sel* en Angleterre et en Irlande, — du *zinc;* — beaucoup de *plomb* dans le nord du pays de Galles et dans les comtés septentrionaux de l'Angleterre ; — du *fer* en Angleterre et en Ecosse ; — du *cuivre* abondamment dans le Cornwall, dans le pays de Galles et en Irlande ; — de riches mines *d'étain* dans le Cornwall et dans le comté de Devon ; — et quelque peu *d'argent* dans le Cumberland et le pays de Galles. — De toutes ces mines, les plus importantes pour le commerce et surtout pour l'industrie de l'empire britannique, sont les mines de houille, de fer, d'étain et de cuivre, exploitées par de nombreuses machines à vapeur.

VÉGÉTAUX.

L'*Angleterre* ne recueille pas assez de *blé* pour sa consommation : on le cultive sur la côte orien-

tale, depuis Southampton jusqu'à York ; plus
au nord, on trouve abondamment de l'*avoine*,
de l'*orge* et du *seigle*, surtout en *Ecosse*, où
cependant on récolte aussi du *froment*. Le *hou-
blon* prospère dans la partie méridionale de l'Angleterre où l'on trouve partout, comme en Ecosse,
une abondante quantité d'excellents légumes,
parmi lesquels la *pomme de terre* occupe le premier rang, en *Irlande* surtout qui en fournit
une prodigieuse quantité, etc. En Ecosse, on
trouve d'excellents *pâturages* et quelques *foréts*
sur les montagnes.

ANIMAUX.

On trouve dans les Iles Britanniques, en Angleterre et en Ecosse, des *cerfs* et des *chevreuils*,
des *perdrix* et autre gibier ; en Irlande, on
élève une grande quantité de *porcs*, de *chèvres*,
de *moutons* et d'autres bestiaux, qui fournissent
abondamment du *beurre* et des *viandes salées*
dont s'approvisionne l'Angleterre. On connaît la
belle race de *chevaux* que possède l'Angleterre,
et l'on ne doit point oublier de citer les chevaux
irlandais, nommés *hobby*, qui se distinguent par
leur petitesse et leur allure agréable. Enfin, il
n'existe peut-être pas de pays dont les fleuves et
les rivières soient aussi poissonneux que ceux des
Iles Britanniques.

RELIGIONS.

Le culte *calviniste-anglican* domine dans
l'Angleterre ; le *calviniste - presbytérien* en

Ecosse ; et le *culte de l'église romaine*, en Irlande. On compte peu de *juifs*, mais un assez
grand nombre de *dissidents* qui appartiennent
tous au culte réformé.

GOUVERNEMENT.

Les Iles Britanniques forment une *monarchie
constitutionnelle* dans laquelle le *pouvoir législatif* est exercé collectivement par le *roi*, la
chambre des pairs, et la *chambre des commu-
nes ;* le pouvoir exécutif est tout entier entre les
mains du roi, qui est aussi le chef suprême de
l'église anglicane.

INDUSTRIE ET COMMERCE.

On pourrait dire aujourd'hui que de tous les
pays du monde la Grande-Bretagne est le plus
industrieux et le plus commerçant : son commerce
d'exportation en 1834, s'est élevé à la somme
prodigieuse de 1,049,976,029 francs ; en 1833,
le commerce d'exportation de la France s'éleva
à 766,316,312 francs. Les principaux articles de
cette exportation sont les *étoffes de laine* et de
coton et la *quincaillerie*.

Les plus industrieuses cités de l'intérieur
sont *Manchester* pour les étoffes de coton ;
Leeds pour les étoffes de laine ; *Birmingham* et
Sheffield pour la quincaillerie, etc.

Les principales villes marchandes maritimes
sont *Londres*, *Liverpool*, *Bristol*, *Hull*,
Newcastle, *Yarmouth*, et *Falmouth*. en An-

gleterre ; — en Ecosse, *Edimbourg* et son port de *Leith*, *Glascow*, *Aberdeen* et *Dundee* ;— en Irlande, *Dublin*, *Cork*, *Limerick*, *Wexford*, *Waterford* et *Belfast*.

Nous ajouterons que les trois grands ports militaires, sont *Porstmouth*, *Plymouth* et *Chatham* ; — et que les plus fameuses universités sont celles d'*Oxford* et de *Cambridge* en Angleterre, d'*Edimbourg* et de *Glascow* en Ecosse, et de *Dublin* en Irlande.

SUPERFICIE ET POPULATION.

On peut évaluer la superficie de toutes les Iles Britanniques à environ 16,000 lieues carrées ; —la population s'élève à 23,400,000 âmes d'après Balbi, ce qui donne à peu près 1462 habitants dans chaque lieue carrée pour la *population relative*.

DIVISIONS ET TOPOGRAPHIE.

La Grande-bretagne se divise généralement en trois parties :

L'*Angleterre*, au sud-est ;

La *principauté de Galles*, à l'ouest ;

L'*Écosse*, au nord ;

L'Irlande se divise en quatre parties :

L'*Ulster*, au nord est ;

Le *Connaught*, au nord-ouest ;

Le *Munster*, au sud-ouest ;

Le *Leinster*, au sud-est.

1° L'Angleterre forme 40 comtés ou *shires*,

dont le tableau suivant fait connaître les noms et les chefs-lieux avec les villes les plus remarquables de chaque comté.

Au nord, 10 comtés :

Comtés.	Chefs-lieux.	Villes remarquables.
Northumberland.	*Newcastle.*	Berwick.
Cumberland.	Carlisle.	Whitehaven.
Westmoreland.	Appleby.	Kendal.
Durham.	Durham.	*Sunderland.*
York.	*York.*	*Leeds , Hull* , Wackefield , Sheffield.
Lincoln.	Lincoln.	
Nottingham.	*Nottingham.*	
Derby.	Derby.	
Lancaster,	Lancaster.	*Manchester, Liverpool, Bol ton, Blackburn.*
Chester.	Chester.	Macclesfield.

Au centre, 17 comtés :

Comtés.	Chefs-lieux.	Villes remarquables.
Shrop.	Shrewsbury.	Wellington.
Stafford.	Stafford.	Wolwerhampton.
Leicester	*Leicester.*	
Rutland.	Oakham.	
Northampton.	Northampton.	
Huntingdon.	Huntingdon.	
Norfolk.	*Norwich.*	*Yarmouth.*
Suffolk.	Ipswich.	Newmarket (moitie au comte de Cambridge).
Essex.	Colchester.	
Hertford.	Hertford.	
Cambridge.[1]	*Cambridge.*	
Bedford.	Bedford.	
Buckingham.	Buckingham.	
Warwick.	Warwick.	*Birmingham ,* Coventry, Dudley, Kidderminster.
Worcester.	Worcester.	
Hereford.	Hereford.	
Monmouth.	Monmouth.	

Au sud, **13** *comtés* :

Comtes.	Chefs-lieux.	Villes remarquables.
Glocester.	Glocester,	*Bristol* et Cheltenham
Wilt.	Salisbury.	
Berk.	Reading.	*Windsor.*
Oxford.	*Oxford.*	
Middlessex.	LONDRES.	Stepney, Irlington, Hackney
Kent.	*Cantorbery.*	*Greenwich*, Woolwich, Gravesend, Chatham et *Douvres.*
Sussex.	Chichester.	*Brighton.*
Surrey.	Guildford.	(Une partie de Londres.)
Southampton.	Winchester.	*Portsmouth*, Southampton, Newport (dans l'île de Wight).
Dorset.	Dorchester.	
Somerset.	*Bath.*	
Devon.	Exeter.	*Plymouth.*
Cornwall.	Launceston.	*Falmouth.*

On a eu soin de distinguer en caractères italiques, les villes les plus remarquables sur lesquelles nous allons nous arrêter un peu en suivant l'ordre dans lequel elles se présentent dans le tableau.

AU NORD.

Newcastle sur la rive gauche de la Tyne : on y compte avec son faubourg environ 60,000 habitants : c'est le second port marchand de l'Anglerre, et le troisième du monde, Londres et New-York étant sous le rapport de la marine marchande les deux premiers ;

Sunderland, port considérable, formé de trois villes et dont la population dépasse 40,000 âmes : cette ville et la précédente possèdent de riches mines de houille ;

York avec 25,000 habitants, c'est une des villes les plus anciennes de l'Angleterre ;

Leeds, dans l'intérieur, l'une des plus commer-

cantes de l'Angleterre : on y compte 123,000 habitants ;

Hull, l'un des principaux ports marchands,
situé sur la rive septentrionale de l'Humber : sa
population est au dessus de 30,000 âmes ;

Nottingham, avec 51,000 habitants : c'est l'une
des plus belles villes de l'Angleterre ;

Manchester, l'une des villes les plus industrieuses et les plus commerçantes du monde :
c'est la seconde de l'Angleterre sous le rapport de
la population qui s'élève à 187,000 âmes : elle
communique avec Liverpool par un magnifique
chemin de fer ;

Liverpool, dont la population peut s'élever
à 170,000 âmes : après Londres, c'est le port
anglais qui fait le plus d'affaires, quoique sa
marine marchande soit un peu inférieure à celle
de Newcastle : cette grande ville est bâtie à l'embouchure de la Mersey ;

Bolton, ville assez commerçante d'environ
31,000 habitants.

AU CENTRE.

Leicester, avec 39,000 âmes : c'est une ville
fort ancienne et qui fabrique une grande quantité de bas de laine ;

Norwich, ville considérable de plus de
60,000 âmes : il s'y fabrique depuis plus de six
siècles des tissus de laine fort estimés ;

Yarmouth, ville très-jolie et port commerçant,
mais qui s'encombre tous les jours : on y compte
21,000 habitants ;

Cambridge, célèbre université : la population ne s'élève qu'à 21,000 habitants;

Birmingham, avec 107,000 âmes; l'une des villes les plus industrieuses du centre de l'Angleterre.

AU SUD.

Bristol, ville et port considérable de plus de 104,000 habitants, sur l'Avon, affluent de la Severn ;

Windsor, petite ville, mais célèbre par ce qu'elle est la résidence ordinaire des rois d'Angleterre;

Oxford, ville de 20,000 âmes, célèbre par son université,

LONDRES, capitale de l'Angleterre et de toute la monarchie anglaise : cette immense cité qui renferme à peu près 1,500,000 habitants, est vraisemblablement la ville la plus peuplée, la plus commerçante et la plus opulente du monde entier : elle est traversée par la Tamise. qui y forme un port magnifique;

Canterbury ou *Cantorbéry*, l'une des plus anciennes villes de l'Angleterre : son archevêque est primat d'Angleterre et le premier pair du royaume : on y compte seulement 15,000 âmes;

Greenwich, avec 21,000 habitants ; c'est là qu'est l'observatoire royal d'Angleterre ;

Douvres ou *Dover*, avec une faible population de 12,000 âmes : on s'y embarque pour traverser le Pas-de-Calais ;

Portsmouth, avec une population de 46,000

habitants : c'est le premier port maritime de l'Angleterre ;

Bath, où l'on compte 37,000 habitants : cette ville est fameuse par ses bains d'eaux minérales, connus des Romains ;

Plymouth, avec environ 70,000 habitants : c'est le second port militaire de la Grande-Bretagne ;

Falmouth, petite ville de 4,000 habitants, avec une belle rade, qui est le rendez-vous des paquebots qui communiquent d'Angleterre avec l'Espagne et le Portugal.

2° PRINCIPAUTÉ DE GALLES. — Cette partie de la Grande – Bretagne est divisée en 12 comtés, disposés dans le tableau suivant, du nord au sud :

Comtés.	*Chefs-lieux.*
Flint.	Flint.
Denbigh.	Denbigh.
Caernarvon.	Caernarvon
Anglesey (l'ile).	Beaumaris.
Merioneth.	Dolgelly.
Montgomery.	Montgomery.
Radnor.	New-Radnor.
Cardigan.	Cardigan.
Pembroke.	Pembroke.
Caermarthen.	Caermarthen.
Brecknock.	Brecknock.
Glamorgan.	Cardiff et Swansea.

Il n'y a pas de villes remarquables.

3° L'ECOSSE est divisée en 33 comtés, présentés ci-dessous :

Au sud du Forth (en remontant vers le nord), 16 comtés :

Comtes.	Chefs-lieux.	Villes remarquables.
Wigtown.	Wigtown.	
Ayr	Ayr.	Kilmarnock.
Kirkcudbright.	Kirkcudbright.	
Dumfries.	Dumfries.	
Roxburgh.	Jedburgh.	
Selkirk.	Selkirk.	
Peebles.	Peebles.	
Berwick.	Greenlaw.	
Haddington.	Haddington.	
Edimbourg.	EDIMBOURG.	Leith.
Linlithgow.	Linlithgow.	
Lanerk.	Lanerk.	Glasgow.
Stirling.	Stirling.	
Dumbarton.	Dumbarton.	
Renfrew.	Renfrew.	Paisley, Greenock.
Bute (avec d'autres iles).	Rothsay (dans l'ile de Bute).	

Au nord du Forth, 17 comtés :

Argyle (avec des iles.)	Inverary.	
Perth.	Perth.	
Clackmannan.	Clackmannan.	
Kinross.	Kinross.	
Fife.	Cupar.	Dumfermline.
Forfar , ou Angus.	Forfar.	Dundee, Montrose.
Kincardine ou Mearn.	Stonehaven.	
Aberdeen.	Nau. Aberdeen.	
Banff.	Banff.	
Elgin ou Murray.	Elgin.	
Nairn.	Nairn.	
Inverness (avec des iles).	Inverness.	
Ross (avec des iles).	Tain ou Tayne.	
Cromarty.	Cromarty.	
Sutherland.	Dornoch.	
Caithness.	Wick.	
Orkney (iles Orcades).	Kirkwall.	

*

Villes remarquables :

EDIMBOURG , capitale de toute l'Ecosse, avec une population de 136,000 âmes : elle renferme une des plus célèbres universités du monde, et l'on y remarque le château d'Holy-Rood, si fameux par ses souvenirs historiques ;

Leith, sur le golfe de Forth : c'est le port d'Edimbourg, et sa population s'élève à 26,000 âmes ;

Glascow ou *Glasgow*, avec une population de plus de 200,000 habitants ; c'est la première ville de l'Ecosse sous le rapport de l'industrie, du commerce et de la population, on y remarque sa belle cathédrale gothique ;

Paisley , ville florissante de 57,000 âmes ; — et *Greenock*, dans le même comté, avec 27,000 habitants ;

Perth, avec 20,000 âmes : c'est une des plus jolies villes d'Ecosse ;

Dumfermline, ville industrieuse, de 17,000 habitants ;

Dundee, port très-commerçant, sur le golfe de Tay, et où l'on compte 45,000 âmes ;

Nau-Aberdeen, à l'embouchure de la Dee, qui y forme un bon port, on y compte près de 60,000 habitants ;

Inverness, jolie petite ville, située à l'extrémité du canal Calédonien : sa population ne s'élève qu'à 14,000 âmes.

L'IRLANDE est divisée en 32 comtés, savoir :

1° Dans l'Ulster, 9 comtés :

Comtés.	Chefs-lieux.
Antrim.	Belfast.
Londonderry.	Londonderry.
Donegal.	Donegal.
Fermanagh.	Enniskillen.
Tyrone.	Omagh.
Cavan.	Cavan
Monaghan.	Monaghan.
Down.	Dowpatrick.
Armagh.	Armagh.

2° Dans le Connaught, 5 comtés :

Leitrim.	Carrick.
Sligo.	Sligo.
Roscommon.	Roscommon.
Mayo.	Castlebar.
Galway.	Galway.

3° Dans le Munster, 6 comtés ·

Clare.	Ennis.
Limerick.	Limerick.
Tipperary.	Clonmel.
Waterford.	Waterford.
Cork.	Cork.
Kerry.	Tralee.

4° Dans le Leinster, 12 comtés ·

Kilkenny.	Kilkenny.
Wexford.	Wexford.
Wicklow.	Wicklow.
Cardow.	Cardow.
Queen's County.	Maryborough.
King's County.	Philipstown.
Kildare.	Kildare.
Dublin.	Dublin.
East-Meath.	Trim.
Louth.	Dundalk.
Longford.	Longford.
West-Meath.	Mullingar.

Villes remarquables d'Irlande.

Dans l'Ulster :

Belfast, ville et port considérable, située à l'extrémité d'un golfe profond, formé par le canal du nord, on y compte près de 40,000 habitants ;

Dans le Connaught :

Galway, ville assez commerçante, de 28,000 habitants ;

Dans le Munster :

Limerick, grande, belle et commerçante ville de 66,000 âmes : on y admire plusieurs beaux édifices, une riche bibliothèque, et surtout les vastes jardins suspendus de M. Roche ;

Waterford, avec 34,000 habitants, sur le Suire, qui y forme un port sûr et profond ;

Cork, avec une population de plus de 100,000 âmes ; c'est la deuxième ville de l'Irlande ; elle est avantageusement située à l'embouchure de la Lee, au fond d'un havre magnifique, qui forme un des plus beaux ports du monde : il s'y fait un commerce considérable de viandes salées.

Dans le Leinster :

Kilkenny, ville commerçante de l'intérieur, qui compte environ 28,000 habitants ;

Dublin, capitale de l'Irlande, et l'une des plus belles villes de l'Europe ; c'est la seconde ville de toutes les Iles Britanniques, et sa population n'est guère au-dessous de 230,000 habitants : elle est située sur la Liffey, qui y forme un excellent port. Parmi le grand nombre de ses monuments publics, on remarque surtout la douane, le palais de justice et la banque nationale.

COLONIES.

La monarchie anglaise possède des colonies immenses : nous avons fait connaître les principales en Asie, en Afrique, dans l'Océanie, en Amérique, dans la Méditerranée. (Voyez première série, pages 97, 130, 180, 182 - 186, 192, 227, 231, 232, 251, 256, 257, 274 - 276, 289, 294 et 334.)

Nous ajouterons que l'Angleterre possède encore en Europe *Gibraltar*, sur le détroit de ce nom ; et le petit *îlot d'Helgoland*, un peu au nord-ouest de l'embouchure de l'Elbe : c'est un point très-important pour la marine militaire anglaise.

PAYS-BAS.

La Hollande et la Belgique composaient depuis 1814 le ROYAUME DES PAYS-BAS ; mais ils forment maintenant depuis le traité du 15 novembre 1831, deux royaumes séparés : celui de *Hollande* et celui de *Belgique*.

Comme plusieurs des traits généraux de la géographie physique leur sont communs, nous allons les décrire ensemble sous le rapport de leur situation, des fleuves et du climat.

SITUATION.

Les Pays Bas sont compris entre 0 degré et 5 degrés de longitude orientale ; et entre 49 degrés 30' et 53 degrés 30' de latitude boréale.

LIMITES.

Au *nord-ouest*, la mer du Nord ;

Au *sud-ouest*, la France ;

A l'*est*, le grand duché du Bas-Rhin, qui fait partie de la Prusse, et le royaume de Hanovre.

Ainsi ces deux états forment ensemble un triangle dont le grand côté est à l'est, du côté de l'Allemagne ; — et le petit côté, vers le sud-ouest, du côté de la France.

MERS ET GOLFES.

La *mer du Nord* forme un grand nombre de golfes qui *se trouvent tous* sur les côtes de la Hollande. Les plus considérables, sont en allant du nord au sud :

Le *Dollart*, à l'embouchure de l'Ems et du Ruiten Aa, dans la province de Groningue ; — le *Lauwer Zee*, à l'embouchure du Hunse ou Drentsche, dans les provinces de Groningue et de Frise ;—le *Zuider-Zée* (mer du Sud), golfe profond entre la Frise, l'Over-Yssel, la Gueldre et la Hollande : le Zuider-Zée forme, au sud-ouest, le *golfe de l'Y* et la *mer* ou *lac d'Harlem*, aussi dans la Hollande. Le Zuider-Zée était autrefois un grand lac qui fut changé subitement en golfe par un violent débordement de l'Océan, dans le treizième siècle.

Les bouches de l'Escaut et de la Meuse forment aussi un grand nombre de larges canaux et de golfes considérables parmi lesquels nous ne citerons que le *Bies-Bosch*, à l'embouchure du Whaal : ce golfe est parsemé d'une multitude de petites îles.

PRESQU'ILES.

Nous ferons seulement remarquer la grande *presqu'île de la Hollande septentrionale*, entre la mer d'Harlem, le Zuider-Zée et la mer du Nord : elle se termine au vieux Rhin.

ILES.

La Hollande en a seule un grand nombre ; voici les plus remarquables :

Du sud au nord :

Les ÎLES DE LA ZÉLANDE dont les plus considérables sont : *Walcheren ; Sud Beveland ; Nord Beveland ; Tholen ; Schowen ; Over Flakkée ; Voorne* et *Beierland* séparée par un étroit canal, et *Ysselmonde.* — Sur les côtes de la Hollande, de la Frise et de Groningue, on remarque : — *Texel, Vlieland, Ter-Schelling, Ameland, Schiermonnick Oog, Rothum* et *Borkum :* ce groupe septentrional est assez régulièrement disposé en arc de cercle. — Enfin, dans le Zuider-Zée, on voit quelques petites îles parmi lesquelles nous ne citerons que *Wierengen* au nord, et *Schokland* vers l'embouchure de l'Yssel.

PENTES ET FLEUVES.

Tous les fleuves qui arrosent les Pays-Bas se rendent dans la mer du Nord, qui fait partie de la pente de l'océan Atlantique (voyez première série, pages 104-106).

Voici les principaux ·

L'*Yperlée*, petit fleuve qui vient de France et arrose à son embouchure en Belgique, *Nieuport,* un peu au sud-ouest d'*Ostende ;*

L'*Escaut*, qui prend sa source en France, entre en Belgique et passe à TOURNAY ; *Audenarde,* GAND, ANVERS et entre le *Fort Liefkenshock,* au sud et *Lillo* au nord. Ce fleuve se divise à sa vaste embouchure en deux branches principales; l'*Escaut occidental* et l'*Escaut oriental*. C'est entre ces deux branches, les bouches de la Meuse et celles du Lech, que se trouvent les grandes îles de la Zélande. L'Escaut reçoit :

A GAUCHE,—la *Lys*, qui vient de France, et arrose en Belgique *Warneton*, *Commines*, *Menin*, *Courtray*, *Deynse* et GAND où elle se joint à l'Escaut :

A DROITE, — la *Dender*, qui passe à *Ath*, *Ninove* et *Alost;* — la *Ruppel* formée de la réunion de la *Dyle* et des *deux Nèthes* : la Dyle prend sa source aux *Quatre-Bras*, passe à *Wavre*, *Louvain* et *Malines*, et reçoit à gauche la *Senne*, qui passe à *Hal*, à BRUXELLES et à *Vilvorde;* la petite Nèthe arrose *Herenthals* et *Lier*, à son confluent avec la grosse Nèthe.

On peut remarquer que presque tout le bassin de l'Escaut appartient à la Belgique

La *Meuse*, qui prend sa source en France et arrose en Belgique, *Dinant*, *Namur*, *Huy*, *Liége*, *Vise;* et dans la Hollande *Maestricht* et *Wyck;* *Maseyck* (à la Belgique), *Stephenswerd*, *Ruremonde*, *Venloo*, *Grave*, *Woudrichem* et *Gorcum* où elle débouche dans le Bies-Bosch et se divise en plusieurs larges canaux qui séparent entr'elles les îles Schowen, Over Flakkée, Voorne, Beierland et Ysselmonde. Ce grand fleuve reçoit :

A GAUCHE,—la *Sambre*, qui vient de la France, arrose en Belgique, *Thuin* et *Charleroi* et se jette dans la Meuse, à *Namur;*—le *Dommel*, qui passe à *Eindhoven* et qui se joint avec l'*Aa* à *Bois-le-Duc :* l'*Aa* passe à *Helmont;* presque tout le bassin de ces deux rivières appartient à la Hollande ; — la *Merk*, qui arrose *Breda* dans la Hollande ;.

A DROITE , — *le Semoy*, qui coule en Belgique et passe à *Arlon, Chiny* et *Bouillon*, autrefois à la France; — l'*Ourte*, qui passe à *Houffalize, la Roche, Durbuy*, est grossie par l'*Amblève* et se jette dans la Meuse à Liége: — la *Roër*, qui vient du grand-duché du Bas-Rhin et se jette dans la Meuse à *Ruremonde*, en Hollande.

Tous les autres fleuves que nous allons décrire, n'entrent point en Belgique.

Le *Rhin*, qui à son entrée dans la Hollande se divise en deux bras : l'*Yssel* et le *Whaal*. Le Whaal passe à *Nimègue*, à *Thiel*, se joint un instant à la Meuse, s'en sépare pour passer à *Bommel* et s'y joint encore à *Woudrichem*. L'Yssel, avant d'arriver à *Arnheim* se divise aussi en deux bras : l'un qui conserve le nom de *Rhin* et se dirige vers Arnheim ; l'autre qui retient le nom d'*Yssel*, court au nord dans le Zuider-Zée et passe à *Doesburg, Zutphen, Deventer*, près de *Zwoll* et à *Kampen* vers son embouchure : il est grossi à droite par l'*Oude-Yssel* qui arrose *Doetinchem*, et par le *Berekel* qui passe à *Lochem*. Le Rhin passe à *Arnheim*, à *Wageningen*. Entre cette ville et celle de *Rhenen*, le Rhin envoie vers le nord une branche secondaire qui, sous le nom d'*Eem*, passe à *Amersfoort* et va se jeter dans le Zuider-Zée. A *Durstède* une autre branche appelée le *Lech*, se détache du Rhin et va se jeter dans l'embouchure de la Meuse, après avoir arrosé *Shoonhoven*. A UTRECHT , le

Rhin s'appauvrit encore en envoyant vers le nord
le *Vecht*, qui se jette dans le Zuider-Zée, à *Mui-
den*. Enfin, le *Rhin* ainsi affaibli, court à l'ouest,
passe à LEYDE où il n'est plus qu'un gros ruis-
seau et se jette dans la mer du nord à *Katwyk-
aan-Zée*.

La Vechte, petit fleuve qui vient de la Westphalie et du Hanovre, passe à *Hardenberg*,
Ommen, *Hasselt* et se jette dans le Zuider-Zee;
— elle est grossie à droite par le *Schonebecker*,
qui passe à *Coeverden*, et par le *Havelter* qui
arrose *Meppel*;

Le *Tjanger*, qui coule dans le Zuider-Zée, à
l'ouest de *Kuinder*;

Le *Hunse* ou *Drentsche*, qui passe à *Groningue*
et se jette dans le Lauwer-Zée;

La *Ruiten-Aa.* qui coule dans le Dollart, et sépare à peu près la Hollande du Hanovre.

CANAUX.

Les plus remarquables des nombreux canaux
qui coupent en tous sens les Pays-Bas, sont:

Le *canal de Northolland* dans la Hollande
septentrionale: il fait communiquer le golfe de l'Y
en face d'Amsterdam avec le port de *Niew Diep*
au sud de l'île Texel : c'est un des plus beaux du
monde;

Le *canal de Harlingen et de Leeuwarden*,
qui va se terminer dans le Lauwer-Zée : il est
dans la Frise :

Le *canal de Bois-le-Duc*, qui part de cette
ville se divise en deux branches, qui vont se

joindre à la Meuse, l'une au sud, un peu au-dessous de Maëstricht, l'autre au nord et dirigée sur Venloo ;

Le *canal du Nord*, qui communique à l'est avec le précédent, se dirige à l'ouest, passe à *Herenthals* et devait se terminer à *Anvers* : commencé en 1807 par les Français, il n'est point encore achevé ;

Le *canal de Bruges*, qui met en communication *Nieuport*, *Ostende*, *Bruges*, et *Gand;*

Le *canal de Mons*, qui commence à l'Escaut vers l'ouest, passe à *Mons* et va se joindre au *canal de Charleroi*, qui se dirige au nord vers *Bruxelles* et même au delà de cette capitale ;

Le *canal de Trèves*, qui fait communiquer le bassin de la Meuse avec celui du Rhin, par l'Ourte, affluent de la Meuse, et par la Moselle, qui coule dans le Rhin : il n'est pas achevé.

CHEMINS DE FER.

La Hollande ne possède point encore de chemins de fer ; mais la Belgique doit posséder l'un des plus beaux du monde. Il commence à *Liége* et passe à *Tirlemont*, *Louvain*, *Malines*, *Termonde*, *Gand*, *Bruges* et *Ostende*. — De Malines, un embranchement se dirige au nord sur *Anvers*, et au sud vers *Bruxelles*.

De *Charleroi*, un autre chemin de fer se dirige au sud vers les environs de *Philippeville* et de *Marienbourg*.

CLIMAT ET PRODUCTIONS.

L'air qu'on respire dans les Pays-Bas est en général pesant et humide, et l'hiver y est long et rigoureux. Cependant les provinces méridionales de la Belgique jouissent d'un climat plus doux. Le sol de la Hollande, peu élevé au dessus de la mer et en plusieurs endroits conquis sur elle, est presque partout sablonneux et marécageux et s'étend en vastes bruyères, à l'exception de quelques cantons où les terres sont limoneuses et fertiles. Souvent ces basses terres sont inondées par les eaux de l'Océan dont on les préserve par d'immenses digues et de nombreux canaux.

Généralement le sol de la Belgique, qui est plus élevé, est partout d'une très-grande fertilité.

La richesse principale de la Hollande consiste en *excellents pâturages* où l'on engraisse des bestiaux qui donnent en quantité le meilleur *beurre* et les meilleurs *fromages* de l'Europe. On y cultive aussi en quelques endroits du *lin* et du *tabac*. La *tourbe* y remplace le bois de chauffage. On y recueille très-peu de blé et de fruits.

Dans la Belgique, au contraire, le sol produit une *immense quantité de blé* dont on fait un commerce considérable ; les *fruits* y viennent en abondance, et l'on y recueille beaucoup de *lin* et *de chanvre*. Il s'y trouve aussi de bons *pâturages* et des *forêts* considérables, surtout dans le Luxembourg, les provinces de Liège, Namur, Hainaut et Brabant méridional. C'est aussi dans la Belgique que se trouvent les *riches mines de houille* dont il se fait une exportation considérable. Là, on élève aussi depuis peu, une belle race de *chèvres* du Thibet et des *chevaux* estimés pour le labour, etc.

BELGIQUE.

Ce royaume embrasse toute la partie méridionale des Pays-Bas, à l'exception de la partie orientale du Luxembourg qui appartient à la Hollande.

SUPERFICIE ET POPULATION.

On estime la *superficie* de la Belgique à environ 1432 lieues carrées, et Balbi porte sa *population* à 3,560,000 âmes; ce qui donne pour *chaque lieue carrée* 2,485 habitants.

RELIGION.

La plus grande partie des Belges suivent la *religion catholique romaine*, mais tous les autres cultes y sont libres. Il y a quelques *juifs* et un très-petit nombre de *luthériens*.

GOUVERNEMENT.

Il ressemble à celui de la France : c'est une *monarchie constitutionnelle;* le pouvoir exécutif est entre les mains d'un *roi* et la puissance législative s'exerce collectivement par le *roi*, le *sénat* et la *chambre des représentants*

INDUSTRIE ET COMMERCE.

La Belgique est un des pays les plus industrieux de l'Europe : on en estime les dentelles, les tulles, les papiers, les armes, l'orfèvrerie et les ouvrages en fer, en cuivre, en acier et en laiton.

Le commerce y est assez considérable surtout en librairie étrangère dont il se fait de nombreuses contrefaçons, en grains et en produits divers des manufactures.

Les villes les plus industrieuses et les plus commerçantes sont : Anvers, Bruxelles, Gand, Liége, Malines, Louvain, Namur, Tournay, Ypres, Verviers et Bruges.

DIVISIONS ET TOPOGRAPHIE.

Le royaume de Belgique se divise maintenant en *neuf provinces* dont le tableau suivant fait connaître les chefs-lieux et les villes les plus remarquables.

Provinces.	*Chefs-lieux.*	*Villes remarquables.*
Flandre occidentale.	BRUGES.	Courtray, Ypres, Ostende.
Flandre orientale.	GAND.	Lokeren, Alost.
Hainaut.	*Mons.*	*Tournay.*
Brabant méridional.	BRUXELLES.	*Louvain, Malines.*
Anvers.	ANVERS.	Lier, Turnhout.
Limbourg.	Hasselt.	
Liége.	LIÉGE.	Verviers, Spa.
Namur.	*Namur.*	
Luxembourg.	Arlon.	

Villes remarquables :

1º Dans la Flandre occidentale .

Bruges, l'une des plus fameuses et des plus puissantes villes du moyen-âge par son commerce et son industrie, quoique bien déchue, est cependant encore une ville très-considérable. On y remarque la cathédrale, l'hôtel-de-ville, et de beaux chantiers : sa population s'élève à 41,000 habitants;—*Courtray*, avec 19,000 âmes : elle fabrique des toiles et des dentelles fort recherchées ; — *Ypres*, ville active et commerçante : 15,000 habitants; — *Ostende*, place forte et port assez considérable avec une population de 11,000 âmes;—*Commines*, petite ville dont la moitié appartient à la France, c'est la patrie de Philippe de Commines, le célèbre historien de Louis XI.

2º Dans la Flandre orientale :

Gand, très-grande ville de 84.000 âmes. On remarque sa cathédrale, l'hôtel-de-ville, le palais de l'université et la citadelle : elle possède plusieurs sociétés savantes et littéraires; elle est fort industrieuse et fait un commerce considérable facilité par son heureuse situation sur l'Escaut; — *Lokeren*, ville florissante, de 16,000 habitants ;—*Alost*, avec 15,000 âmes.

3º Dans le Hainaut :

Mons, ville forte, qui se distingue par son commerce et son industrie, elle possède de riches mines de houille dans ses environs, et compte 23,000 âmes; — tout près de Mons, on voit *Jemmapes*, village célèbre par la bataille qui s'y livra en 1792 et qui fut gagnée par les Français sur les Autrichiens,—*Tournay*, ville florissante, qui possède un grand nombre de manufactures et une population de 29,000 âmes : on cite sa belle cathédrale ; — *Charleroy*, place forte ;—*Fleurus*, très-petite ville, mais fameuse par les quatre grandes batailles qui s'y sont livrées : 1622, 1690, 1794, 1815 ;—*Enghien*, dont les princes de la maison de Condé prenaient le titre de ducs ; — *Chimay*, petite principauté cédée par la France en 1815.

4° DANS LE BRABANT MÉRIDIONAL :

BRUXELLES, capitale du royaume, grande et industrieuse ville de 106,000 habitants. On y remarque plusieurs belles places, le palais du roi, l'hôtel-de-ville, l'observatoire, et un grand nombre d'établissements scientifiques et littéraires ;—*Louvain*, avec 26,000 habitants et une célèbre université, longtemps regardée comme la première de l'Europe : on cite son hôtel-de-ville, le palais de l'université, et l'église de Saint-Pierre dont la tour qui s'est écroulée était l'édifice le plus élevé de l'Europe. Cette ville se distingue surtout aujourd'hui par son commerce et son industrie ; — *Malines*, qui fait un commerce considérable de dentelles et de chapeaux, elle a une belle cathédrale, et 24,000 habitants ; —c'est aussi dans le Brabant méridional au sud-est du côté de Fleurus que se trouvent les petites villes ou villages de *Wavre*, *Waterloo*, la *Belle-Alliance*, *Nivelle*, les *Quatre-Bras*, rendus si célèbres par la grande bataille qui s'y livra en 1815 et qui prit le nom de Waterloo.

5° DANS LA PROVINCE D'ANVERS :

ANVERS, sur l'Escaut, qui y forme une rade superbe. Pendant le moyen-âge et jusqu'au seizième siècle, cette ville fut l'une des plus commerçantes villes du monde. Elle a une belle citadelle, presqu'entièrement ruinée en 1832, mais que les Belges ont réparée ; une cathédrale admirable dédiée à Notre-Dame et dont la tour pyramidale est le plus haut édifice de l'Europe ; un bel hôtel-de-ville, une bourse, de magnifiques chantiers, et un grand nombre d'établissements pour les sciences et les lettres : sa population dépasse peut-être 70,000 âmes ; c'est le port le plus commerçant de la Belgique ; — *Lier*, avec 13,000 habitants ; — et *Turnhout*, avec une égale population ; petites villes fort industrieuses : la première a un grand nombre de brasseries.

6° DANS LE LIMBOURG :

Hasselt ; — *Saint-Tron* ; — *Tongres*, fameuse dans le moyen-âge ; — *Maseyck* et *Peer* ; très-petites villes.

7° DANS LA PROVINCE DE LIÉGE :

LIÉGE, sur la Meuse, avec 58,000 âmes ; elle possède une belle fonderie de canons et une fabrique royale d'armes à feu ; il s'y fait aussi un commerce considérable de houille dont les mines semblent inépuisables : voilà bientôt huit siècles qu'on les exploite; elle a aussi une forte citadelle, une université et plusieurs édifices remarquables; — *Verviers*, ville industrieuse, qui fabrique une grande quantité de draps fins et de casimirs : elle a des forges considérables, et compte déjà 19,000 habitants; — *Spa*, fameuse par toute l'Europe à cause de ses eaux minérales; — *Huy*, avec de riches mines de houille.

8° DANS LE COMTÉ DE NAMUR.

Namur, avec 19,000 habitants au confluent de la Sambre avec la Meuse · c'est une ville très-forte et qui possède des fabriques d'armes et de coutellerie; — *Dinant*, — *Philippeville*, etc.

9° DANS LE GRAND-DUCHÉ DE LUXEMBOURG :

Arlon, avec des fonderies; — et *Bouillon*, place forte qui appartenait autrefois à la France; — avec plusieurs autres villes sans importance.

HOLLANDE.

Ce royaume comprend toute la partie septentrionale des Pays-Bas et une partie du grand-duché de Luxembourg, au sud-est de la Belgique.

SUPERFICIE, POPULATION.

La *superficie* de la Hollande est d'environ 1,698 lieues carrées et dépasse celle de la Belgique de 266 lieues : cependant ce dernier pays est beaucoup plus peuplé. La *population absolue* de la Hollande est de 2,558,000 âmes, et sa *population relative* de 1,506 habitants pour chaque lieue carrée.

COLONIES.

Mais la Hollande possède des colonies considérables : 1° dans l'OCÉANIE, l'île *de Java*, la plus grande partie de *Sumatra*, de *Bornéo*, de *Célèbes* et de l'archipel de *Sumbava Timor*, presque toutes *les Moluques* et une partie de la *Nouvelle-Guinée* : BATAVIA, dans l'île de Java, est la capitale de ces possessions (voyez première série, pages 242 et 250); — 2° En AFRIQUE, *quelques villes* dans la Guinée septentrionale (voyez première série, page 227); — 3° DANS L'A-MÉRIQUE DU SUD, — la *Guyane hollandaise* (voyez première série, pages 333 et 334). D'après Balbi, la *superficie totale de toute la monarchie hollandaise s'élève à* 42,358 *lieues carrées* environ, habitées par 12,000,000 d'habitants.

RELIGION.

La plus grande partie de la nation professe le *culte réformé*, soit calviniste, soit luthérien; mais tous les autres cultes sont libres et l'on y trouve des *catholiques romains* et des *juifs*; ces derniers sont en très-petit nombre.

GOUVERNEMENT.

Il est monarchique constitutionnel et la puissance législative est partagée entre le *roi* et les

États-Généraux, composés de deux chambres; la *première* est composée de membres nommés à vie par le roi ; la *seconde* est formée par les *députés* des provinces.

INDUSTRIE ET COMMERCE.

Le sol de la Hollande , naturellement peu fertile, a de bonne heure tourné ses habitants vers l'industrie et le commerce, soit intérieur , soit extérieur. Le premier est singulièrement favorisé par la multitude de rivières , de canaux et de golfes qui entrecoupent la Hollande de toutes parts, et facilitent les communications.

Pour le commerce extérieur , longtemps il a été, et surtout dans le seizième siècle , le plus étendu et le plus considérable du monde : à cette époque , les flottes puissantes d'Amsterdam , de Rotterdam , de Dordrecht et de Flessingue parcouraient en maîtresses souveraines toutes les mers. Aujourd'hui , quoique ce commerce ait beaucoup diminué , la Hollande n'en est pas moins placée au rang des premières nations commerçantes de l'Europe.

DIVISIONS ET TOPOGRAPHIE.

Le royaume de Hollande se compose aujourd'hui de *douze provinces* , savoir : — 1º des *sept Provinces - Unies* qui , en 1580 , secouèrent le joug espagnol et formèrent une république, à la tête de laquelle ils placèrent un gardien du pays appelé *stathouder* ; — 2º du Brabant septentrional, du Limbourg, et d'une partie du grand-duché de Luxembourg.

Le tableau suivant indique ces diverses provinces, avec leurs chefs-lieux et les villes remarquables qui s'y trouvent.

On a marqué d'un numéro les *sept Provinces-Unies* d'autrefois.

Du nord au sud :

Provinces.	*Chefs-lieux.*	*Villes remarquables.*
1 Groningue.	*Groningue.*	
2 Frise.	*Leeuwarden.*	
Drenthe.	Assen (cette petite province etait seulement alliee aux autres.	
3 Over-Yssel.	Zwoll.	Deventer.
4 Gueldre.	Arnheim.	*Nimegue*, Zutphen.
5 Utrecht.	Utrecht.	Amersfoort.
6 Hollande septentrionale.	*Harlem.*	Amsterdam, Zaandam ou Sardam.
6 Hollande méridionale.	LA HAYE.	Leyde, Rotterdam, *Dordrecht*, Delft, Gouda, Schiedam.
7 Zelande.	*Middelbourg.*	Flessingue.
Brabant septentrional.	Bois-le Duc.	Tilburg, Breda, Berg-op-Zoom.
Limbourg.	*Maestricht.*	Wyck, Venloo, Ruremonde ou Roermonde.
Luxembourg.	Luxembourg (l'une des places fortes de la confederation germanique).	

Villes principales ·

1° Dans la province de Groningue.

Groningue, sur le Hunse, avec une belle église et 24,000 âmes; elle possède une université; — *Delfzyl*, petit port sur le Dollart; — *Winschoten*, avec d'immenses tourbières dévorées en trois jours par un incendie, en 1833.

2º Dans la Frise.

Leeuwarden, ville de 17,000 âmes, qui se distingue par son industrie et son commerce ; elle est sur le canal qui va de *Harlingen* à *Dokkum*; —*Franeker*, sur le même canal ; — *Sneek*, petite ville industrieuse.

3º Dans la province de Drenthe.

Assen, très-petite ville ; — *Meppel*.

4º Dans l'Over-Yssel.

Zwoll, avec 13,000 habitants;—et *Deventer*, avec 10,000 âmes : ce sont deux places fortes.

5º Dans la province de Gueldre.

Arnheim, avec 11,000 âmes ; c'est une ville commerçante et fortifiée; — *Nimègue*, place forte de 16,000 âmes, avec un bel hôtel-de-ville; — *Zutphen*, petite ville fortifiée.

6º Dans la province d'Utrecht.

Utrecht, grande ville de 34,000 habitants ; autrefois la plus considérable des Provinces-Unies : on y remarque l'hôtel-de-ville et le dôme avec sa belle tour. Elle possède un grand nombre d'établissements pour les sciences et les lettres, et se distingue parmi les villes les plus industrieuses et les plus commerçantes de la Hollande, — *Amersfoort*, avec 9,000 habitants.

7° DANS LA HOLLANDE SEPTENTRIONALE.

AMSTERDAM, sur le golfe de l'Y à l'embouchure de l'*Amstel*, entre la mer d'Harlem et le Zuider-Zée : c'est la ville la plus considérable du royaume de Hollande, et l'une des plus belles, des plus industrieuses et des plus commerçantes de l'Europe. Elle a un grand nombre d'établissements scientifiques et littéraires, et de sociétés savantes. On y admire des rues superbes, le palais royal, l'arsenal, un pont magnifique et de vastes et profonds bassins pour les vaisseaux ; sa population dépasse 200,000 habitants ; — *Harlem*, avec 22,000 âmes, ville industrieuse et qui fait un commerce considérable de fleurs ; c'est le chef-lieu de la Hollande septentrionale ;—*Zaandam* ou *Saardam*, sur le golfe de l'Y, en face et au nord d'Amsterdam ; ce village, célèbre par le séjour qu'y fit Pierre-le-Grand, comme simple ouvrier, possède de nombreux chantiers et compte 10,000 habitants ; *Hoorn,* petit port sur le Zuider-Zée ; — *Alkmaar*, ville forte, à l'ouest de la précédente.

8° DANS LA HOLLANDE MÉRIDIONALE.

LA HAYE, ville considérable de 55,000 habitants, et qui passe pour une des mieux bâties de l'Europe : c'est la résidence ordinaire du roi, et la capitale du royaume ; on remarque le vaste palais du roi, et celui des États-Généraux. Elle possède une riche bibliothèque, une belle galerie de tableaux, et plusieurs autres établissements scientifiques et littéraires : elle se distingue aussi

par son commerce, et surtout par son industrie ;
— Rotterdam, avec 72,000 âmes : c'est la
deuxième ville de la Hollande sous le rapport de
la population, du commerce et de l'industrie :
elle est située sur la rive septentrionale de l'embouchure de la Meuse, qui y forme un port magnifique ; — Leyde, ville fameuse par son université, l'une des premières de l'Europe, et des
plus riches en manuscrits précieux. Elle possède
de très-riches musées, et sa population s'élève à
55,000 habitants ; — *Dordrecht*, située dans une
île, à l'embouchure de la Meuse, qui prend le
nom de *Merwe*, après avoir arrosé *Gorcum* :
cette ville compte 17,000 habitants, et se distingue par son commerce ; — *Delft*, avec un
grand arsenal, et 13,000 habitants ; — *Gouda;*
— et *Schiedam :* villes de moindre importance.

9° Dans la Zélande.

Middelbourg, dans l'île de Walcheren : elle
est importante par son industrie et son commerce, et sa population dépasse 17,000 âmes ;
— *Flessingue*, ville forte, située dans la même
île ; — *Tholen*, etc.

10° Dans le Brabant septentrional.

Bois-le-Duc, avec une belle cathédrale et de
grandes fabriques de rubans : 13,000 habitants;
— *Bréda*, ville forte, avec une académie royale
militaire : on y admire sa belle cathédrale ; —
Tilburg, avec 10,000 habitants : elle fabrique

beaucoup de draps ; —' *Berg-op-Zoom*, ville très-forte, sur l'Escaut ;

11° DANS LE LIMBOURG.

Maestricht, sur la rive gauche de la Meuse, avec 18,000 habitants : c'est une place forte, remarquable aussi par les immenses carrières qui l'avoisinent ; — *Wyck*, en face de Maestricht, de l'autre côté de la Meuse ; — *Venloo ;* — et *Ruremonde* ou *Roermonde :* places fortes.

12° DANS LE GRAND-DUCHÉ DE LUXEMBOURG.

Luxembourg, l'une des plus fortes places de l'Europe, avec 11,000 habitants ; elle fait partie de la confédération germanique.

Les cinq villes les plus considérables de la Hollande, sont : Amsterdam, Rotterdam, La Haye, Leyde et Utrecht.

ÉTATS SECONDAIRES

DE L'ALLEMAGNE.

SITUATION.

Cette carte présente uniquement les états secondaires de l'Allemagne qui font partie de la confédération germanique : les pays de la monarchie prussienne et de l'empire d'Autriche qui font partie de cette confédération, n'y sont point compris. mais on a marqué leur situation et leur étendue par une couleur particulière.

Les ÉTATS SECONDAIRES de L'ALLEMAGNE sont compris entre le 3ᵉ et le 13ᵉ degré de longitude orientale ; et entre le 47ᵉ et le 54ᵉ degré 30′ de latitude boréale.

LIMITES.

L'Allemagne est bornée :

Au *nord*, par la mer du Nord, le Danemark et la mer Baltique ;

A *l'ouest*, par la Hollande et la France ;

Au *sud*, par la Suisse et l'empire d'Autriche ;

A *l'est*, encore par l'Autriche et la Prusse.

MERS ET GOLFES.

L'Allemagne n'offre pas le long de ses côtes de golfes proprement dits, mais cependant il faut remarquer le *Dollart*, à l'embouchure de l'Ems entre la Hollande et le Hanovre ; — et les *profondes baies* que forment à leurs embouchures, le Weser et l'Elbe, dans la mer du Nord ; ainsi que celle qui se trouve au nord de Lubeck, entre le Holstein et le Mecklenbourg.

ILES.

L'Allemagne n'a pas le long de ses côtes d'îles considérables : nous citerons seulement la petite île de *Neuwerk*, à l'ouest de la bouche de l'Elbe : elle appartient à Hambourg ; — et plus loin, l'*île d'Helgoland*, très-petite, mais importante par sa position ; c'est une des stations militaires de la marine anglaise.

DIVISIONS.

Les nombreux états qui composent la confédération germanique, même en exceptant la Prusse et l'Autriche, comme nous l'avons fait, sont assez difficiles à étudier, et il est indispensable de suivre attentivement la disposition établie dans le tableau suivant. Nous y avons classé tous les états dans l'ordre géographique, en y formant trois grandes divisions, savoir :

États du nord, depuis la mer du Nord et la mer Baltique, jusqu'à le Harz-Gebirg ;

États du centre, depuis le Harz-Gebirg jusqu'à l'Erz-Gebirg à l'est, et le mont Tonnerre à l'ouest ;

États du sud, qui s'étendent de l'Erz-Gebirg et

du mont Tonnerre jusqu'aux pays de la confédération qui dépendent de l'Autriche, et jusqu'à la Suisse.

Nous indiquons aussi dans ce tableau, les capitales de ces divers états avec les villes plus considérables qui s'y trouvent, et les *numéro* de renvois qui se rapportent à la carte et qui sont indiqués dans la table qu'on y a placée.

ETATS DU NORD au nombre de 13, formant 1 royaume, 3 grands-duchés, 3 duchés, 2 principautés, 3 républiques et une eigneurie.

	Etats.	Capitales.	Villes remarquables.
AU NORD DE L'ELBE.	26. Le grand duche de Mecklenbourg Schwerin	Schwerin.	Rostock.
	27. Le grand-duche de Mecklenbourg-Strelitz......	Neu-Strelitz.	
	11. La republique de Lubeck.	Lubeck.	
	38. Le duche de Holstein. ..	Kiel.	Altona.
	39. Le duche de Lauenbourg.	Lauenbourg. }	
	12. La republique de Hambourg.............	Hambourg.	
EN DEÇA DE L'ELBE.	1 Le royaume de Hanovre.	Hanovre.	Gottingen, Hildesheim, Lunebourg, Osnabruck.
	10. La republique de Brême.	Brême.	
	21. Le grand-duché d'Oldenbourg............	Oldenbourg.	
	36. La seigneurie de Kniphausen	Kniphausen.	
	35. La principaute de Lippe-Schauenbourg........	Buckeburg.	
	34 La principaute de Lippe-Detmold...........	Detmold.	
	13. Le duche de Brunswick.	Brunswick.	

ETATS DU CENTRE, au nombre de 20, savoir : 1 royaume, 3 grands-duchés, 7 duchés,

6 principautés, 1 électorat, 1 landgraviat et 1 république.

	États.	Chefs-lieux.	Villes remarquables.
	23. Le duché d'Anhalt-Dessau..	Dessau.	
	24. Le duché d'Anhalt-Bernbourg.	Bernburg.	
	25. Le duché d'Anhalt-Cothen.	Cothen.	
	3. Le royaume de Saxe. . .	Dresde.	Leipzig, Freyberg, Bautzen.
À L'EST DES SOURCES DE LA FULDE.	7. Le duché de Saxe-Altenbourg.	Altenbourg.	
	4. Le grand-duché de Saxe-Weimar.	Weimar.	Iena.
	5. Le duché de Saxe-Cobourg-Gotha.	Gotha.	Cobourg.
	6. Le duché de Saxe-Meiningen.	Meiningen.	Hildburghausen.
	14. La principauté de Reuss-Greilz.	Greilz.	Gera qui *appartient en commun aux trois princes.*
	15. La principauté de Reuss-Schleitz.	Schleitz.	
	16. La principauté de Reuss-Lobenstein-Ebersdorf.	Ebersdorf.	
	29. La principauté Schwarzbourg-Rudolstadt	Rudolstadt	
	29. La principauté de Schwarzbourg-Sondershausen.	Sondershausen.	
À L'OUEST DES SOURCES DE LA FULDE.	30. La principauté de Waldeck	Corbach.	
	32. La Hesse-Électorale ou Hesse-Cassel	Cassel.	Fulde, Hanau.
	31. Le grand-duché de Hesse-Darmstadt.	Darmstadt.	Mayence, Worms.
	33. Le Landgraviat de Hesse-Hombourg.	Hombourg.	
	17. Le duché de Nassau . .	Wiesbaden.	
	9. La république de Francfort-sur-le-Mein	Francfort.	
	8. Le grand-duché de Luxembourg.	Luxembourg.	

ETATS DU SUD. Au nombre de 6, formant 2 royaumes, 1 grand duché, et 3 principautés.

Etats.	*Chefs-lieux.*	*Villes remarquables*
À L'EST.		
2. Le royaume de Bavière.	MUNICH.	RATISBONNE, NURENBERG, Bamberg, Würzbourg, AUGSBOURG, Anspach, Bayreuth, et Passau.
À L'OUEST.		
20. Le royaume de Wurtemberg.	STUTTGARD.	Ulm.
28. Le grand-duché de Bade.	Carlsruhe.	Manheim,
19. La principauté de Hohenzollern-Hechingen. . .	Hechingen.	Constance, Freybourg.
18. La principauté de Hohenzollern-Sigmaringen.	Sigmaringen.	
37. La principauté de Lichtenstein.	Wadutz.	

On peut remarquer que plusieurs de ces états forment des enclaves, et se trouvent compris les uns dans les autres, d'une manière assez embarrassante : mais il faut s'attacher surtout au noyau principal de chaque état, et bien s'assurer de sa position relative.

Il faut remarquer encore que les états du centre sont généralement beaucoup plus petits que ceux du nord, et que ceux du sud sont les plus considérables.

Enfin, il est bon d'observer aussi que dans notre tableau, nous avons classé les états, en rapprochant ceux qui ont une dénomination commune, ce qui sert à simplifier beaucoup l'étude de cette partie de l'Europe, et réduit à

26 noms différents les 39 états secondaires de l'Allemagne.

PENTES ET FLEUVES.

Les fleuves nombreux qui arrosent l'Allemagne appartiennent à trois pentes différentes : la *pente de la mer du Nord* ou *de l'océan Atlantique*, et *la pente de la mer Baltique*, qui font partie du grand versant européen du nord-ouest ; — et la *pente de la mer Noire*, dans le versant du sud-est (voy. première série, pages 104, 112).

1° PENTE DE LA MER DU NORD.

Cette pente est la plus considérable des trois : elle embrasse toute l'Allemagne occidentale, et comprend une partie du Wurtemberg et de la Bavière ; presque tout le grand-duché de Bade ; tous les petits états du centre ; le Hanovre, le grand-duché d'Oldenbourg, et une partie du Holstein.

Les fleuves principaux qu'on y trouve sont :

Le *Rhin*, qui vient de la Suisse, qu'il sépare de l'Allemagne, ainsi qu'une partie de la France ; il passe à *Wadutz*, capitale de la principauté de Lichtenstein ; à *Constance*, dans le grand-duché de Bade ; à *Spire*, dans le cercle du Rhin, appartenant à la Bavière ; à *Manheim*, dans le grand-duché de Bade ; à *Worms* et à MAYENCE, dans le grand-duché de Hesse – Darmstadt. Il reçoit :

A gauche : — La *Spire*, qui passe par la ville du même nom, située à son confluent, — la *Moselle*, qui limite au sud-est le Luxembourg, etc.

A droite : — Le *Necker*, qui traverse du nord au sud le Wurtemberg, où il arrose *Rottweil*, *Rotenburg*, *Tubingen*, *Esslingen*, Stuttgard, *Ludwigsbourg* et *Heilbronn;* après cette ville, il entre dans le grand-duché de Bade, et passe à *Heidelberg* et à *Manheim*, où il se joint au Rhin : cette grande rivière reçoit, à gauche, l'*Enz*, et à droite, le *Kocher*, qui passe à *Hall;* — le *Mein*, qui traverse de l'est à l'ouest et en faisant de grands circuits, la Bavière septentrionale et le grand-duché de Hesse-Darmstadt : il arrose, dans la Bavière, *Bayreuth*, *Schwein-furth*, *Wurtzbourg* et *Wertheim*, dans le grand-duché de Bade ; *Aschaffenbourg*, encore dans la Bavière; *Hanau*, *Offenbach* et Francfort, et se jette dans le Rhin en face de *Mayence*, après avoir traversé le grand-duché de Hesse-Darmstadt : il reçoit à gauche le *Pegnitz* qui passe à *Nurenberg;* le Rhin reçoit encore à droite la *Lahn*, qui vient de la Hesse-Electorale, où elle arrose *Marburg*, traverse le grand-duché de Hesse-Darmstadt, où elle baigne *Giesen;* et coule ensuite à travers le duché de Nassau, en passant à *Dietz;* — la *Sieg*, la *Rhür* et la *Lippe*, qui passe à *Lippstadt*, appartenant à la principauté de Lippe-Detmold.

L'*Ems*, qui traverse la partie occidentale du de Hanovre et passe à *Lingen*, *Mep-pen* et jette dans le Dollart : elle reçoit,

9

II

A DROITE :—la *Haase*, qui passe à *Osnabruck*
et se jette dans l'Ems , à *Meppen*.

Le *Weser*, formé de la *Fulde*, qui vient de la
Bavière , traverse la Hesse-Electorale et passe à
Fulde, Hersfeld et CASSEL ; et de la *Werra* qui
traverse la partie occidentale des duchés de
Saxe, où elle arrose *Hildburghausen* et *Meinungen*, puis la Hesse-Electorale , où elle arrose
Eschwege et *Wilzenhausen*. La Fulde et la
Werra se réunissent à *Munden*, dans le Hanovre, et c'est là que commence le Weser. Ce fleuve
sépare la Hesse-Electorale du Hanovre, passe à
Bodenwerder et à *Hameln* qui sont au Hanovre ; il passe à *Rinteln* qui appartient à la Hesse-
Electorale ; à *Nienburg*, dans le Hanovre, et à
BRÊME. Il reçoit :

A GAUCHE : — la *Hunte*, qui arrose *Diepholz*
dans le Hanovre , et *Oldenbourg* dans le grand-
duché de ce nom.

A DROITE : — l'*Aller*, qui passe à *Celle* dans le
Hanovre : il est grossi, à gauche, par l'*Ocker*, qui
passe à *Wolfenbuttel* et à BRUNSWICK, dans le
duché de ce nom, et par la *Leine*, qui arrose
Gottingen et HANOVRE, dans le royaume de ce
nom.

L'*Elbe*, qui vient de la Bohême, traverse le
royaume de Saxe , où elle passe à *Pirna*, DRESDE
et *Meissen*; non loin de *Dessau*, dans la
principauté d'Anhalt-Dessau ; et après avoir
encore traversé la monarchie prussienne, elle
passe à *Domitz*, dans le Mecklenbourg ; à
Lauenbourg, dans le duché de ce nom ; puis
elle se divise en deux grands bras qui forment

vers son embouchure un grand nombre d'îles : le bras méridional passe à *Harburg*, ville du Hanovre ; l'autre arrose HAMBOURG et *Altona*, dans le Holstein ; plus loin encore, on trouve sur la rive gauche de l'Elbe, *Stade*, qui est dans le royaume de Hanovre. Ce fleuve reçoit :

A GAUCHE : — la *Mulde*, formée par deux branches principales ; la branche occidentale qui est la plus considérable, passe à *Schneberg*, *Zwickau* et *Glauchau*; l'autre branche passe à *Freyberg* : toutes ces villes sont dans le royaume de Saxe ; la Mulde traverse ensuite les états prussiens et va arroser *Dessau* à son confluent avec l'Elbe, dans les principautés d'Anhalt; —la *Saale*, qui vient du Fichtel-Gebirg, dans la Bavière, où elle passe à *Hof*; elle traverse ensuite la principauté de *Reuss-Ebersdorf*, passe à *Rudolstadt*, dans la principauté de Schwarzbourg ; à *Iéna*, dans le grand-duché de Saxe-Weimar ; et puis après avoir traversé la Prusse, elle arrose *Bernburg*, dans les principautés d'Ahalt. cette rivière est grossie à gauche par l'*Unstrut;* et à droite par l'*Elster Noir*, qui passe à *Plauen*, dans le royaume de Saxe ; à *Greitz* et à *Géra*, dans les principautés de Reuss; et par la *Pleiss*, qui vient du royaume de Saxe, passe à *Altenbourg*, dans le duché de Saxe-Altenbourg; et à *Leipzig*, dans le royaume de Saxe.

A DROITE : — l'Elbe reçoit l'*Elster Blanc*, qui vient du royaume de Saxe ; le *Havel*, grossi de la *Sprée*, qui arrose *Bautzen*, dans le royaume de Saxe ; et l'*Elde*, qui sort du lac Muritz, dans le grand-duché de Mecklenbourg, où elle arrose *Parchim*, et *Ludwiglust* et *Domitz*, à son confluent avec l'Elbe.

2º PENTE DE LA MER BALTIQUE.

Cette pente comprend une partie du duché de Holstein ; la république de Lubeck, et une grande portion des grands-duchés de Mecklenbourg ; il faut se rappeler que nous ne décrivons point dans cette carte les états prussiens de la confédération, et qui sont aussi renfermés, avec beaucoup d'autres pays, dans la pente de la mer Baltique.

Nous y trouvons :

L'*Eyder*, dans le Holstein, petit fleuve qui arrose *Kiel*, à son embouchure ;

La *Trave*, qui arrose Lubeck et *Travemunde*, à sa large embouchure ;

Le *Warnow*, qui traverse le Mecklenbourg et passe à *Rostock* ;

La *Pechnitz*, qui sépare le Mecklenbourg de la Prusse ;

L'*Oder*, dont la *Neisse*, l'un de ses affluents, passe à *Zittau*, dans le royaume de Saxe.

3º PENTE DE LA MER NOIRE.

Cette pente embrasse une petite portion du grand duché de Bade ; une partie du royaume de Wurtemberg et des principautés de Hohenzollern, avec toute la partie méridionale de la Bavière. On y trouve un seul fleuve :

Le *Danube*, qui prend sa source près de *Wil-lingen*, dans le grand-duché de Bade, arrose *Tuttlingen*, dans le Wurtemberg; *Sigmaringen*, dans la principauté d'Hohenzollern; puis traverse le Wurtemberg, où il arrose *Ulm*, à son entrée dans la Bavière. Dans ce dernier pays il passe à *Neuburg*, *Ingolstadt*, Ratisbonne et *Passau*. Il reçoit,

A gauche : — l'*Altmuhl*, qui passe à *Eich-stadt;* — le *Nab*, qui se joint au Danube en face de Ratisbonne.

A droite :—l'*Iller*, qui passe à *Kempten*, près de *Memmingen*, sépare le Wurtemberg de la Bavière, et se joint au Danube à *Ulm;* — le *Lech*, qui arrose *Augsbourg;*—l'*Iser*, qui passe à Munich et à *Landshutt* : il est grossi à gauche par l'*Ammer* qui sort du lac de ce nom;—l'*Inn*, grossi de l'*Alz* et de la *Salza*, et qui sépare avec cette dernière la Bavière de l'empire d'Autriche: l'Inn arrose *Passau*, à son confluent avec le Danube.

MONTAGNES.

Les montagnes les plus élevées de l'Allemagne se trouvent dans les provinces qui appartiennent à l'Autriche et à la Prusse, et que nous ne décrivons point ici: elles s'étendent vers le sud et vers l'est : ce sont les Alpes et les montagnes de la Bohême.

A mesure que les chaînes s'éloignent de ces deux massifs principaux, elles deviennent moins considérables et s'abaissent insensiblement, surtout dans la partie septentrionale de l'Allemagne où elles ne sont plus que de simples collines. Nous allons cependant indiquer les plus remarquables.

A la gauche du Rhin :

Les *Vosges*, qui viennent se terminer au *mont Tonnerre*, dans le cercle du Rhin qui dépend de la Bavière ;

L'*Eiffel-Gebirg*, dans le grand-duché du Bas-Rhin, au delà du Luxembourg.

A la droite du Rhin :

Le *Vorarlberg*, qui descend des Alpes et s'étend à la fois dans la Bavière et le Wurtemberg, puis à l'ouest, dans le grand-duché de Bade où il va joindre

Les hauteurs de la *Forêt-Noire*, dans le même grand-duché et dans le Wurtemberg. — A travers ce dernier royaume et celui de Bavière, on peut suivre une *longue chaîne de hauteurs secondaires* qui séparent le bassin du Danube de celui du Rhin, et se joignent au nord-est au *Fichtel-Gebirg*, vers la source de la Saale, du Mein, du Nab et de l'Eger.

L'*Erz-Gebirg* continue au nord-est le Fichtel-Gebirg, et s'étend jusqu'à l'Elbe, séparant la Bohême du royaume de Saxe.

Du Fichtel-Gebirg, qui forme un nœud principal, courent au sud-est, entre la Bavière et la Bohême, les *Bœhmerwald-Gebirg;*—et au nord-ouest, une *chaîne secondaire* qui se bifurque aux sources de la Werra : — une *branche* se dirige à l'ouest et traverse la Hesse-Darmstadt, sous le nom de *Vogelsberg*. Là elle se divise en deux chaînons, l'un qui court au sud-ouest et se termine dans le duché de Nassau, sous le nom de mont *Taunus;* l'autre va s'étendre au nord entre le Weser, l'Ems et le Rhin, prend le nom de *Teutoburgerwald*, dans la principauté de Lippe-Detmold, dans le grand-duché du Bas-Rhin et dans le Hanovre; et puis s'abaisse presque au niveau des plaines ; cependant une de ses ramifications revient dans le duché de Nassau, où elle prend le nom de *Wester-Wald;* — l'autre branche qui commence à la source de la Werra, traverse les duchés de Saxe et court au nord dans le Hanovre et la Prusse, sous le nom de *Harz-Gebirg*, et va se terminer sur les bords de l'Elbe.

LACS.

Les principaux lacs des états secondaires de l'Allemagne sont :

Le *lac Müritz* et le lac *Schwerin*, dans le grand-duché de Mecklenbourg ;

Le lac *Steinhuder*, dans le Hanovre, entre la Leine et le Weser ;

Le *lac Chiem*, entre l'Alz et la Salza ; — le lac *Wurm* et le *lac Ammer*, au sud-ouest de Munich, dans la Bavière ;

Le *lac de Constance*, le plus grand de tous, et qui touche à la fois au grand-duché de Bade, au Wurtemberg, à la Bavière, à l'Autriche et à la Suisse.

CLIMAT.

Les contrées qui composent l'Allemagne peuvent être classées d'une manière générale, en cinq grandes régions, savoir :

1º *La région septentrionale*, qui s'étend au nord en vastes plaines depuis le Teutoburger-Wald et le Harz-Gebirg jusqu'a la mer du Nord et la mer Baltique. L'air de cette région est épais et humide; la température y est douce à cause de la proximité des mers, et elle abonde en *grains* et en *pâturages :* on y trouve de longs côteaux couverts de bruyères, des marais, des terrains sablonneux, des landes, etc.; mais presque partout l'industrie et le commerce s'y sont largement développés. On y trouve aussi de riches *mines de houille*.

2º La *région centrale* comprise entre le Teutoburger-Wald et le Harz-Gebirg au nord, et le Taunus, le Vogelsberg, le Fichtel-Gebirg et l'Erz-Gebirg au sud. L'air y est généralement froid à cause des grandes forêts qui s'y trouvent et des fleuves nombreux qui y coulent; mais les saisons y sont belles et constantes. Les montagnes y sont d'une hauteur moyenne et renferment de grandes richesses minérales, surtout de l'*argent et du cuivre;* les vallées sont presque toutes fertiles et produisent une quantité suffisante de *grains :* la *vigne* y est peu cultivée. Dans la partie occidentale, vers le Taunus, on remarque des traces d'éruptions volcaniques.

3º *La région rhénane*, qui comprend tout le bassin du Rhin. L'air y est moins pur, les saisons moins constantes, le climat, en général, peu salubre. Mais le sol y est presque partout d'une prodigieuse fertilité et produit les *meilleurs vins* de l'Allemagne.

4º *La région alpique :* elle embrasse les parties méridionales du grand-duché de Bade, du Wurtemberg, de la Bavière, et les provinces de la confédération qui appartiennent à l'Autriche. Cette région a le même climat que la Suisse. On y éprouve de grandes et subites variations de température: dans les vallées les chaleurs sont étouffantes ; sur les hauteurs le froid devient extrême.

5° *La région danubienne*, qui comprend la partie méridionale de la Bavière : elle présente un aspect semblable à celui de la région du Rhin, mais son climat, à cause de l'exposition du terrain presque partout septentrional, est à peu près le même que celui de la région centrale. L'hiver de Munich est aussi rigoureux que celui de Dresde. Cette région renferme beaucoup de lacs, et le long du Danube des plaines fertiles.

MINÉRAUX.

Les principales richesses minérales de l'Allemagne, sont :

Des *pierres précieuses* dans le royaume de Saxe; — de l'*argent* dans le même royaume et dans celui de Hanovre; — de l'*étain* dans le royaume de Saxe ; — un peu de *cuivre* dans le Hanovre; — du *fer* dans le duché de Nassau; — du *plomb* dans le Hanovre, le duché de Nassau et le royaume de Saxe; du *charbon de terre* et du *sel commun*.

VÉGÉTAUX.

L'Allemagne produit suffisamment du *blé* pour sa consommation, et en abondance toutes sortes de *légumes* et de *fruits ;* les *vins* font une partie considérable de ses richesses. — On y cultive avec succès le *lin* et le *chanvre,* surtout dans les duchés de Saxe et dans la Bavière ; — on y recueille beaucoup de *tabac* et un peu de *soie ;* — enfin elle possède des forêts considérables , entre autres la *Forêt-Noire* et la forêt du *Harz-Gebirg,* qui paraît être les restes de la fameuse forêt *Hercynienne* des anciens.

ANIMAUX.

On estime les *chevaux* de la Bavière et du Mecklenbourg ; — de nombreux troupeaux de *moutons* fournissent de la *laine* et une chair plus estimée ; — on élève beaucoup de *porcs,* d'*oies,* etc. — Beaucoup de *gibier* se trouve dans les forêts et les montagnes , et l'on y rencontre des *buffles* et des *aurochs* ou taureaux sauvages ; — des *ours,* des *sangliers* énormes ; — quelques *loups,* — des *gloutons ;* — et dans les Alpes, des *marmottes* et des *chamois,* etc.

SUPERFICIE, POPULATION.

La *superficie* des états secondaires de l'Allemagne, moins le Luxembourg et les duchés de Holstein et de Lauenbourg, est d'environ 11,891 lieues carrées ; — la *population absolue* de 13,900,000 âmes , ce qui donne pour *chaque lieue* carrée 1,168 habitants,

RELIGION.

La religion *catholique-romaine* professée par plus de la moitié de la population, domine sur-

tout dans la Bavière, le grand-duché de Bade ,
et les principautés de Hohenzollern et de Lichtenstein ; — la *religion luthérienne*, dans le Hanovre , le Wurtemberg , les états de Saxe , le
Mecklenbourg , le Brunswick, les principautés
de Schwarzbourg, de Reuss et de Waldeck, les
républiques de Hambourg , Brême , Lubeck et
Francfort-sur-le-Mein , et la seigneurie de Kniphausen ; — et la *religion calviniste* dans le duché de Nassau, la Hesse et les principautés de
d'Anhalt et de Lippe : ces deux cultes réformés
se fondent aujourd'hui l'un dans l'autre sous le
nom d'*église évangélique*.

GOUVERNEMENT.

Quoique cette carte n'embrasse pas toute l'é-
tendue de la *confédération germanique* , nous
croyons devoir dire quelques mots sur cette al-
liance politique des États de l'Allemagne , qui ,
dans ses rapports extérieurs , constitue une puissance collective.

La confédération germanique est formée d'une
partie des états prussiens, d'une partie de l'empire d'Autriche , et de tous les états secondaires
de l'Allemagne, ou *Allemagne propre*.

Le but de la confédération, est le maintien de
la sûreté intérieure et extérieure de l'Allemagne,
de l'indépendance et de l'inviolabilité des états
confédérés. Ils ne peuvent, sous aucuns pré-
textes, se faire la guerre, et doivent soumettre
leurs différents à la *diète fédérale*, présidée par
le plénipotentiaire de l'Autriche. La diète s'oc-

cupe des affaires ordinaires, mais quand il s'agit de lois fondamentales ou de grandes mesures à prendre, elle se forme en *assemblée générale*, dont les pouvoirs sont plus étendus.

Néanmoins, chaque état a ses lois et son gouvernement particuliers, mais tous doivent avoir des assemblées représentatives

FRANCFORT-SUR-LE-MEIN, est le siége de la diète fédérale, et le chef-lieu de la confédération germanique.

Les principales places fortes de la confédération, sont : Luxembourg, Mayence, Landau et Ulm.

INDUSTRIE ET COMMERCE.

On peut dire que toutes les branches de l'industrie sont cultivées dans l'Allemagne, et la placent, sous ce rapport, parmi les premiers pays de l'Europe. — Le commerce intérieur, quoique gêné par cette multitude de divisions géographiques, devient chaque jour plus considérable, et le commerce extérieur est très-actif et fort étendu.

Les principales villes commerçantes et industrieuses sont : Hambourg, Lubeck, Brême, Francfort-sur-le-Mein, Leipzig, Dresde, Augsbourg, Brunswick, Hanovre, Nuremberg, etc.

DESCRIPTION PARTICULIÈRE DES ÉTATS ET TOPOGRAPHIE.

Nous allons maintenant nous arrêter un peu à chaque état en particulier, selon son importance ; considérer sa situation, son étendue, et indiquer ses villes les plus remarquables (1).

ÉTATS DU NORD.

Au nord de l'Elbe.

1° GRANDS-DUCHÉS DE MECKLENBOURG (26, 27).

Ils sont bornés à l'ouest par la république de Lubeck et le duché de Lauenbourg; au sud-ouest par le Hanovre ; au sud et à l'est par la Prusse ; au nord par la mer Baltique. — Villes : — *Schwérin*, capitale du grand-duché de ce nom, sur le lac de Schwérin : elle a 13,000 habitants et est fort jolie ; — *Rostock*, bon port et ville commerçante d'environ 19,000 âmes ; — *Lud-wiglust*, jolie petite ville sur l'Elde, avec un beau château ; — *Neu Strélitz*, capitale du grand-duché de ce nom ; petite ville très-agréablement bâtie : 6,000 habitants.

2° DUCHÉS DE HOLSTEIN ET DE LAUENBOURG (38, 39).

Au nord de l'Elbe et à l'ouest du Mecklenbourg : ils appartiennent au Danemark, et l'on y remarque :—*Kiel*, à l'embouchure de l'Eyder, avec une bonne université et 8,000 habitants ; —ALTONA, sur l'Elbe, à l'ouest de Hambourg, elle fait un commerce actif et sa population s'élève à 27,000 âmes : c'est la deuxième ville du Danemarck ;—*Lauenbourg*, capitale du duché de ce nom, très-petite ville sur l'Elbe.

(1) Les numéros qui sont à droite des titres se rapportent à ceux de la carte.

3° République de Lubeck (11).

Son petit territoire, placé entre le Mecklenbourg, le Lauenbourg, le Holstein, et une enclave du grand-duché d'Oldenbourg (21), s'étend jusqu'à la mer Baltique, qui y forme un golfe profond, à l'embouchure de la Trave ; — villes :
— Lubeck, sur la Trave, ville considérable de 26,000 habitants : on y remarque la cathédrale, l'hôtel-de-ville, l'arsenal et la bourse : c'était autrefois la capitale de la fameuse ligue anséatique ;
— *Travemunde*, petite ville, à l'embouchure de la Trave : c'est le port de Lubeck, et elle possède plusieurs bateaux à vapeur qui vont à Copenhague, à Stockholm et à Saint-Pétersbourg.

4° République de Hambourg (12).

Plus de la moitié du territoire de cette république est renfermé entre les deux bras de l'Elbe, le reste s'étend dans le Holstein : mais vers les bouches de l'Elbe, et sur les cotes du Hanovre, elle possède la petite ville de *Cuxhaven*, avec un petit territoire, et de plus, vis-à-vis *l'île de Neuwerk* (12). — Hambourg, sur la rive droite de l'Elbe, et tout près d'Altona. C'est la ville la plus industrieuse et la plus commerçante de l'Allemagne, et sa population dépasse 122,000 âmes. Elle est généralement mal bâtie, mais on y voit plusieurs édifices remarquables, et elle possède un grand nombre d'établissements scientifiques et littéraires.

En deçà ou au sud-ouest de l'Elbe.

5° LE ROYAUME DE HANOVRE (1).

C'est le plus grand des états du nord. Il s'étend des bouches de l'Ems, jusqu'à l'Elbe, et de la mer du Nord, jusqu'au Harz-Gebirg Il est séparé en deux parties très-inégales par les états de Brunswick (13). La partie du sud, qui est beaucoup moins considérable que l'autre, touche au sud à la Hesse-Electorale et à la Prusse ; à l'ouest, encore à la Prusse, et au Brunswick au nord. — La partie septentrionale, qui s'étend entre la Hollande, la Prusse, le Mecklenbourg, Hambourg, et le Holstein, comprend dans son vaste territoire la république de Brême, le grand duché d'Oldenbourg, une partie du Brunswick et de la Lippe (35), avec une enclave de la Hesse électorale (32). — Villes : — HANOVRE, sur la Leine, avec 28,000 âmes, c'est la capitale du royaume : on y remarque plusieurs beaux palais, l'arsenal, la salle de l'opéra, etc : elle fait un commerce d'expédition très-actif ; — nous nommerons encore dans cette partie septentrionale, *Stade*, sur l'Elbe ; — *Lunebourg*, ville commerçante de 12,000 habitants ; — *Hildesheim*, 13,000 âmes ; — *Osnabruck*, avec 11,000 âmes : ses toiles sont renommées ; — *Aurich*, très-petite ville ; — dans la partie du sud : *Clausthal*, qui possède des mines d'argent et de plomb ; — et *Gottingen*, si fameuse par son université, l'une des premières de l'Europe : sa population s'élève à 11,000 habitants.

6° LE GRAND-DUCHÉ D'OLDENBOURG (21).

Il est situé sur la rive gauche du Weser, et tout entier enclavé dans le royaume de Hanovre, il s'étend jusqu'à la mer du Nord, qui y forme un golfe profond ; et à l'est, il touche à la république de Brême. On y remarque : — *Oldenbourg*, jolie petite ville de 6,000 habitants : c'est la capitale de tout l'état. — Le grand duché d'Oldenbourg possède encore de petits territoires dans le Holstein (21), et entre le Rhin et la Moselle, autour de *Birkenfeld* (21).

7° SEIGNEURIE DE KNIPHAUSEN (36)

Cette petite seigneurie est sur la mer du Nord, enclavée dans le grand duché d'Oldenbourg. — *Kniphausen*, petit village, avec un château fortifié, en est la capitale.

8° RÉPUBLIQUE DE BRÊME (10).

Son petit territoire, à peu près aussi étendu que celui de Hambourg et de Lubeck, s'étend de chaque côté du Weser, entre le grand-duché d'Oldenbourg et le Hanovre. — BRÊME, grande et commerçante ville de 41,000 habitants. On remarque sa cathédrale luthérienne et l'observatoire particulier, où le médecin Olbers découvrit les deux planètes de Pallas et Vesta.

9° LE DUCHÉ DE BRUNSWICK (13).

Il est irrégulièrement partagé en trois parties principales enclavées entre le Hanovre et la Prusse.

La plus septentrionale est traversée par l'Ocker, et séparée de la Prusse par l'Aller; l'autre portion sépare le Hanovre en deux parties, et s'étend surtout de l'est à l'ouest; la troisième partie (13), moins considérable que les deux précédentes, touche à la fois au Hanovre, à la Prusse, et à une enclave, appartenant à la maison d'Anhalt (24). — Villes : — BRUNSWICK, capitale du duché, sur l'Ocker, avec 36,000 habitants : c'est une ville riche et florissante qui possède plusieurs édifices remarquables ; — *Wolfenbuttel*, avec une belle bibliothèque.

10° LES PRINCIPAUTÉS DE LIPPE (34—35).

Le noyau principal (34) de ces principautés se trouve entre le Weser et les sources de l'Ems et de la Lippe : il est entouré presque entièrement par le grand-duché du Bas-Rhin, qui fait partie de la monarchie prussienne : au nord, il touche au Weser, à une enclave de la Hesse-Electorale et au royaume de Hanovre. — Deux autres parties moins considérables, se trouvent, l'une (35), au nord, vers le lac Steinhuder, entre le Hanovre et l'enclave de la Hesse; l'autre, sur la Lippe, dans le grand-duché du Bas-Rhin (34). — On y trouve : *Detmold;* — *Buckeburg* et *Lippstadt*, très-petites villes.

ÉTATS DU CENTRE.

1° PRINCIPAUTÉS D'ANHALT (23, 24, 25).

Elles se trouvent au confluent de la Mulde et de la Saale avec l'Elbe, au delà de laquelle leur territoire s'étend : c'est le noyau principal; trois petites enclaves se voient ensuite à l'ouest et au nord-ouest (24, 25) : il faut remarquer que toutes ces possessions d'Anhalt sont renfermées dans la monarchie prussienne : une seule, à l'ouest, touche au Brunswick (13) — Villes : — *Dessau*, jolie petite ville de 10,000 âmes, sur la rive gauche de la Mulde ; — *Bernbourg ;* — *Cothen.*

2° ROYAUME DE SAXE (3).

Il s'étend au nord-ouest du Riesen-Gebirg et de l'Erz Gebirg qui le sépare de la Bohême : au nord, il est entouré par la Prusse ; à l'ouest, encore par la Prusse, les duchés de Saxe, les principautés de Reuss et la Bavière ; il forme ainsi un triangle irrégulier dont le grand côté est au nord-ouest et le plus petit à l'ouest.—Villes:— DRESDE, sur l'Elbe, capitale du royaume, grande et belle ville de 70,000 habitants, remarquable par son commerce et son industrie, et où l'on admire plusieurs magnifiques monuments. Elle renferme de superbes et précieuses collections d'antiquités, d'objets d'arts, et de belles galeries de tableaux : il y a aussi un grand nombre d'établissements publics scientifiques et littéraires ;—LEIPZIG, sur la Pleiss, avec 41,000 habitants ; c'est une ville industrieuse et commerçante, surtout en librairie ; il s'y tient chaque année trois foires qui sont comptées parmi les plus riches du monde. Son université est célèbre depuis longtemps. C'est dans les environs de Leipzig que se donna la grande bataille de ce nom, qui dura trois jours

(1813); — *Freyberg*, sur la Mulde, avec de riches mines d'argent et une population de 12,000 âmes, — *Plauen ;* — et *Bautzen*, à l'est sur la Sprée, avec 12,000 habitants : il s'y livra en 1813 une grande bataille gagnée par les Français sur les Prussiens et les Russes.

3° GRAND-DUCHÉ ET DUCHÉS DE SAXE (4, 5, 6, 7).

Leur territoire, très-irrégulièrement découpé, s'étend de l'est à l'ouest, entre la Mulde et la Werra;—l'Unstrut, affluent de la Saale, le limite au nord ; et au sud il s'avance presque vers le Mein supérieur. Ces duchés renferment un grand nombre d'enclaves étrangères dont les principales sont : les principautés de Reuss, à l'est (14,15,16); et de Schwarzbourg-Rudolstadt (29) au centre. Ils ont eux-mêmes quelques enclaves qui leur appartiennent, dans la Prusse et dans la Bavière ; mais elles sont peu considérables. A l'est, ils touchent au royaume de Saxe; au nord, à la Prusse; à l'ouest, aux états de la maison de Hesse ; au sud, à la Bavière. — Villes : — *Weimar*, capitale du grand-duché de Saxe-Weimar (4) : elle possède plusieurs établissements scientifiques et littéraires, entre autres le célèbre institut géographique ; elle a un beau château grand-ducal et une population de 10,000 âmes ; — *Iéna*, sur la Saale, petite ville fameuse par son université et par la grande victoire que Napoléon y remporta, en 1806, sur les Prussiens ; — *Eisenach*, avec 9,000 habitants, ville industrieuse, dans la partie occidentale du grand-duché ; — *Gotha*, avec 12,000 habitants , capitale du duché de Saxe-Cobourg-Gotha (5) ; — *Cobourg*, dans la partie sud-est du duché, jolie petite ville de 8,000 âmes ; — *Altenbourg*, capitale du duché de Saxe-Altenbourg (7), sur la rive gauche de la Pleiss, avec 12,000 habitants ; — *Meinungen*, sur la Werra, avec 5,000 âmes ; c'est la capitale du duché de Saxe-Meinungein-Hildburghausen (6); — *Hildburghausen*, très-petite ville du même duché, encore sur la Werra.

4° Principautés de Reuss (14, 15, 16).

Elles sont enclavées entre le royaume et les duchés de Saxe, et forment deux parties (14, 15) séparées par le grand-duché de Saxe-Weimar (4); la partie septentrionale touche à la Prusse du côté du nord ; la partie méridionale, qui est la plus grande, touche à la Bavière du côté du sud. — Villes : — *Gera*, sur l'Elster-Blanc, 9,000 habitants;—*Greitz*, sur la même rivière;—*Schleitz*, —et *Ebersdorf*, près de la Saale, très-petites villes.

5° Principautés de Schwarzbourg (29, 30).

L'une, celle de Rudolstadt (29), est enclavée au centre des duchés de Saxe. — Villes : — *Rudolstadt*, sur la Saale ; — l'autre principauté , celle de Sondershausen (30), est enclavée dans la Prusse et touche à l'ouest à une petite possession du duché de Saxe-Meinungein.—Villes :—*Sondershausen*, très-petite ville ;—*Arnstadt*, avec 5,000 âmes, au nord-ouest de Rudolstadt.

6° Principauté de Waldeck (22).

Elle est bornée au nord-ouest par le grand-duché du Bas-Rhin ; à l'est et au sud par la Hesse-Electorale. — Villes : — *Corbach*, très-petite ville, en est la capitale. — Cette principauté a encore une petite enclave à l'est des états de Lippe, — et l'on y trouve *Pyrmont*, ville peu considérable.

7° Etats de la maison de Hesse (31, 32, 33).

Ces états sont bornés à l'ouest, par le duché de Nassau, la Prusse et la principauté de Waldeck (22); au nord-est, par le Hanovre et la Prusse; à l'est, par le grand-duché de Saxe-Weimar (4); au sud-est, par la Bavière ; au sud, par le grand-duché de Bade et le cercle du Rhin dépendants de la Bavière. — Ils s'étendent du nord-est au sud-ouest, depuis la Werra et le Weser jusqu'au mont Tonnerre et au Necker ; de l'est à l'ouest, de la Werra au Wester-Wald. — Villes : — dans la *Hesse-Electorale* (32). — Cassel, sur la Fulde, ville considérable de 26,000 habitants : c'est la capitale de l'électorat ; on y remarque plusieurs belles places, un palais superbe qui n'est point encore achevé, et beaucoup d'autres édifices publics ; elle est fort industrieuse et possède un grand nombre d'établissements pour les sciences et les lettres. — *Hanau*, sur le Mein, avec 13,000 âmes, ville importante par son commerce et son industrie; — *Fulde*, sur la rivière de ce nom, avec une belle cathédrale et 9,000 habitants ; — *Marburg*, à l'ouest, près de la Lahn. 7.000 habitants. — Dans le *grand-duché de Hesse-Darmstadt* (31), — *Darmstadt*, entre le Mein et le Rhin, capitale de l'état, avec 20,000 âmes : elle possède un beau palais, de belles églises et un riche musée, etc ;—MAYENCE, ville ancienne et considérable, et l'une des places fortes de la confédération germanique ; elle est située au confluent du Mein et du Rhin, dans une position magnifique. Sa cathédrale, plusieurs autres églises, le palais du grand-duc, sont très-remarquables, ainsi que le pont sur le Danube ; elle possède un grand nombre d'établissements scientifiques et littéraires, et l'on y trouve des restes de la domination romaine ; 31,000 habitants. — *Worms*, si célèbre dans le moyen-âge, ne compte plus que 8,000 âmes : elle est située sur la rive gauche du Rhin, comme Mayence. — Il faut remarquer que ce grand-duché est divisé en deux parties presque égales par la Hesse-Electorale : l'une de ces parties est au nord du Mein, et l'autre au sud de cette rivière. — Hombourg, au nord de Francfort, petite ville capitale du landgraviat de Hesse-Hombourg (33). Il a des possessions à l'ouest du mont Tonnerre.

8° RÉPUBLIQUE DE FRANCFORT-SUR-LE-MEIN (9).

Le territoire très-resserré de cette république est enclavé entre la Hesse et le duché de Nassau. — Villes : — FRANCFORT, capitale de la république et de toute la confédération germanique. C'est une ville considérable et l'une des premières de toute l'Allemagne pour l'industrie et le commerce. Elle est située sur la rive droite du Mein, et l'on y remarque, parmi un grand nombre de beaux édifices, sa cathédrale et son hôtel-de-ville : elle possède de riches bibliothèques, des musées, des collections d'objets d'art, et compte plusieurs sociétés savantes et littéraires : sa population s'élève à 60,000 habitants.

9° DUCHÉ DE NASSAU (17).

Son territoire, l'un des mieux arrondis des états du centre, est compris entre le Mein et le Rhin, au sud-est et au nord-ouest; au nord il est borné par le grand-duché du Bas-Rhin, partie de la Prusse; et à l'est par les états de la maison de Hesse. — Villes : *Wiesbaden*, jolie petite ville de 7,000 habitants; c'est la capitale du duché; elle est bâtie sur la pente méridionale du mont Taunus. — Ajoutons ici que le duché de Nassau renferme un grand nombre d'antiquités romaines, qu'on y voit les restes du fameux retranchement des Romains, appelé le *vallum romanum*, et qu'enfin on y trouve d'abondantes eaux minérarales et beaucoup de curiosités naturelles.

10° LE GRAND-DUCHÉ DE LUXEMBOURG (8).

Nous ne citerons dans cet état, qui se trouve à l'ouest du Rhin et au nord de la Moselle, que :—

Luxembourg, place forte qui fait partie de la confédération germanique.

ÉTATS DU SUD.

1° ROYAUME DE BAVIÈRE (2).

C'est le plus grand des états secondaires de l'Allemagne.

LIMITES.

La Bavière est bornée au nord, par les principautés de Reuss, les duchés de Saxe, et la Hesse-Electorale ; à l'ouest, par le grand-duché de Hesse-Darmstadt, le grand-duché de Bade et le royaume de Wurtemberg ; au sud et à l'est, par l'empire d'Autriche et par le royaume de Saxe. — LE CERCLE DU RHIN, qui se trouve à l'ouest de ce fleuve de chaque côté des Vosges, fait partie de la Bavière. — Au sud-ouest, il touche à la France ; au nord-ouest, le grand-duché du Bas-Rhin et une enclave de Hesse-Hombourg ; au nord-est, la Hesse-Darmstadt ; à l'est, le grand-duché de Bade dont il est séparé par le Rhin.

DIMENSIONS, SUPERFICIE, POPULATION.

Du nord au sud, la Bavière a environ 85 lieues *de longueur ;* — et de l'est à l'ouest, ou *en largeur,* 60 lieues ; — sa *superficie* est d'à peu près 3,840 lieues carrées ; — et sa *population absolue* de 4,070,000, selon Balbi, ce qui donne pour chaque lieue carrée, ou pour la *population rela-tive*, 1,059 habitants.

PRINCIPALES VILLES.

MUNICH, sur l'Iser, capitale du royaume, avec une population de 100,000 âmes. C'est une très-belle ville et l'une des plus commerçantes et des plus industrieuses de l'Allemagne. On cite le palais royal, plusieurs belles galeries de tableaux, de dessins et d'objets d'art; l'hôtel-de-ville, le nouveau théâtre; et un grand nombre d'autres édifices remarquables, elle possède aussi plusieurs instituts scientifiques et littéraires, et de très-riches bibliothèques; — NURENBERG, l'une des villes les plus considérables et les plus fameuses de l'Allemagne, quoiqu'elle soit bien déchue de son ancienne splendeur, elle est riche, industrieuse et commerçante, et compte encore 38,000 âmes : elle est sur la Pegnitz, affluent du Mein ;—AUGS-BOURG, sur le Lech, au sud du Danube, avec une population de 34,000 habitants : on cite son arsenal, l'hôtel-de-ville et la cathédrale; cette grande ville se distingue aussi par son commerce et son industrie; — RATISBONNE, au confluent du Nab et du Danube : l'hôtel-de-ville et la cathédrale sont ses édifices les plus remarquables ; elle fait un commerce considérable d'orfèvrerie et de bijouterie, et compte 26,000 habitants ;— *Wurzbourg*, sur le Mein, avec 23,000 âmes : elle possède un superbe château royal ; et son université est l'une des plus justement célèbres de l'Allemagne. Elle est industrieuse et fait un commerce actif; — *Passau*, au confluent de l'Inn et du Danube, avec 10,000 habitants ; — *Bamberg*, sur la Pegnitz, avec 21,000 âmes ; c'est une ville considérable et très-commerçante : on remarque sa cathédrale ; — *Anspach*, avec 14,000 habitants et un beau château ; — *Bayreuth*, vers la source du Mein : jolie ville de 13,000 âmes ; — *Schweinfurth*, sur le Mein ; — *Spire*, petite ville de 8,000 habitants, sur la rive gauche du Rhin, et à l'endroit où la Spire vient s'y réunir : c'est la capitale du cercle du Rhin ; — *Landau*, l'une des forteresses de la confédération ; — et *Deux-Ponts*, petite ville de 7,000 âmes.

2° Royaume de Wurtemberg (20).

Il est compris entre la Bavière, à l'est, et le grand-duché de Bade, à l'ouest; au sud, il renferme l'enclave irrégulière des principautés de Hohenzollern. — Villes : — Stuttgard, sur la rive gauche du Necker, avec une population de 32,000 âmes, est la capitale du royaume : cette ville se distingue par plusieurs beaux édifices, des sociétés savantes et littéraires, et par son active industrie; — *Ludwigsburg*, un peu au nord de Stuttgard : 7,000 âmes ; — *Reutlingen*, avec 10,000 habitants ; — *Ulm*, place forte au confluent de l'Iller et du Danube : on y voit un bel hôtel-de-ville et une superbe cathédrale ; cette ville industrieuse et commerçante, compte au delà de 14,000 habitants ; — *Elwangen*, très-petite ville.

3° Principautés de Hohenzollern (18-19).

Leur territoire est enclavé dans la partie méridionale du Wurtemberg, on y remarque : *Héchingen ;* — et *Sigmaringen*, sur le Danube.

4° Principauté de Lichtenstein (37).

Cette petite principauté est située sur la rive droite du Rhin, à l'extrémité sud-ouest de la confédération germanique et adossée aux possessions de l'Autriche : —sa capitale est *Wadutz,* sur le Rhin, petit bourg sans aucune importance.

5° Grand-Duché de Bade (28).

Il affecte, d'une manière irrégulière, la forme d'une L et s'étend le long du Rhin qui le sépare de la Suisse, au sud, de la France et du cercle du Rhin, à l'ouest ; au nord, il est borné par le grand-duché de Hesse-Darmstadt et par la Bavière ; à l'est, par le royaume de Wurtemberg. — Villes : — *Carlsruhe* est la capitale du grand-duché, c'est une jolie ville de 20,000 âmes, où l'on remarque surtout le château grand-ducal : elle possède un grand nombre d'établissements savants et littéraires, — *Manheim*, ville considérable de 22,000 habitants, située au confluent du Necker avec le Rhin : c'est une des belles villes de l'Allemagne, et elle se distingue autant par son commerce et son industrie que par ses sociétés savantes et littéraires ; — *Freybourg*, au sud, industrieuse et commerçante ville de 15,000 âmes, et dont on vante la cathédrale ; —

Constance, ancienne et petite ville, sur le lac de ce nom, fameuse dans l'histoire du moyen-âge : on y remarque son antique cathédrale.

Il est utile, avant de quitter l'étude de cette carte, de remarquer que les principales villes des états secondaires de l'Allemagne sont :

Hambourg, Munich, Dresde, Francfort, Leipzig, Brême, Nurenberg, Brunswick, Augsbourg, Stuttgard, Mayence, Hanovre, Altona, Lubeck, Ratisbonne et Cassel.

MONARCHIE PRUSSIENNE.

SITUATION.

Cette monarchie s'étend de l'ouest à l'est, entre le 3e et le 21e degré de longitude orientale de Paris ; — et du nord au sud, entre le 49e et le 56e degré de latitude boréale.

LIMITES.

En ne tenant pas compte de quelques petites enclaves qui lui appartiennent et qui sont entièrement séparées de son territoire, et sans égard aussi pour des enclaves intérieures qui lui sont étrangères, la monarchie prussienne présente *deux parties distinctes* séparées l'une de l'autre par quelques états secondaires de la confédération germanique : — une *partie occidentale* entre la Meuse et le Weser ;—et une *partie orientale* entre le Weser et le Niemen : cette dernière est beaucoup plus considérable que l'autre.

La *partie occidentale*, appelée *grand-duché du Bas-Rhin*, est bornée à *l'ouest*, par la France, le Luxembourg, la Belgique et une partie de la Hollande ;

Au *nord*, à *l'est* et au *sud*, encore par la Hollande et par la confédération germanique.

La *partie orientale* qui forme le noyau principal de la monarchie prussienne, est bornée :

A *l'ouest*, par la confédération germanique ;

Au *sud*, par l'empire d'Autriche ;

A *l'est*, par la Pologne et la Russie ;

Au *nord*, par la mer Baltique.

Il est important de remarquer que les deux parties principales qui composent cette monarchie *ne sont séparées* l'une de l'autre que par *une distance d'environ 8 ou 9 lieues*, à travers le Hanovre et la Hesse-Electorale. (*Voy.* la carte des Etats secondaires de l'Allemagne.)

MERS ET GOLFES.

La *mer Baltique*, qui baigne les côtes septentrionales de la Prusse, y forme de l'ouest à l'est :

Le *Kleine-Haff* et le *Grosse-Haff*, vers l'embouchure de l'Oder et entre le continent et les îles Usedom et Wollin, dans la Poméranie ;

Le *golfe de Dantzick*, vers les bouches de la Vistule, et ce golfe lui-même présente le *Putziger-Wieck* et la grande lagune appelée *Frische-Haff*, sur les côtes de la Prusse occidentale et de la Prusse orientale ;

Sur les côtes de cette dernière province on trouve l'immense lagune de *Curische-Haff*, dans laquelle se jette le Niemen.

PRESQU'ILES.

On en trouve trois assez remarquables, savoir :

La presqu'*île de Putziger-Wieck*, au nord-est de cette rade ; — et deux autres plus considérables : le *Frische-Nehrung*, vers le Frische-Haff ; — et le *Curische-Nehrung*, vers le Curische-Haff : elles se distinguent toutes par un caractère particulier : elles sont fort étroites et fort longues ; le Curische-Nehrung n'a pas une lieue de largeur, et sa longueur dépasse 23 lieues

ILES.

Elles se trouvent sur les côtes de la Poméranie, et sont au nombre de trois, savoir :

L'île de Rugen, qui est la plus considérable, et dont la capitale, placée au centre, est *Bergen*; autour de cette île on en trouve quelques autres très-peu considérables :

L'île de Usedom; et l'île *Wollin*, à l'embouchure de l'Oder.

DIVISIONS.

La monarchie prusienne se divise actuellement en *huit provinces* principales dont *cinq* font partie de la confédération germanique : le tableau suivant les fait connaître avec leurs chefs-lieux et les villes les plus remarquables qui s'y trouvent :

	Provinces.	Capitales.	Villes remarquables.
Provinces qui font partie de la confederation germanique.	Le grand-duche du Bas Rhin.	Cologne.	Munster, Aix-la-Chapelle, Dusseldorf, Elberfeld, Bonn, Coblentz, Treves, Arensberg, Minden, Cleves, Juliers, Sarrelouis.
	La Saxe.	Magdebourg.	Halle, Erfurth, Merseburg, Wittemberg.
	Le Brandebourg.	BERLIN.	Potsdam, Francfort-sur l'Oder.
	La Pomeranie.	Stettin.	Stralsund-Coslin.
	La Silesie.	Breslau.	Liegnitz, Oppeln.

	Provinces.	Capitales.	Villes remarquables.
Pays polonais.	Le duché de Posen.	Posen.	Bromberg, Gnesen ou Gnesne.
Ancienne Prusse.	La Prusse occidentale.	Dantzick.	Elbing, Thorn, Marienwerder.
	La Prusse orientale.	Konigsberg.	Memel, Tilsit, Gumbinnen.

Ajoutons que la monarchie prussienne possède encore le canton suisse de *Neufchâtel*, qui fait partie de la confédération helvétique.

PENTES ET FLEUVES.

Tous les fleuves qui arrosent les diverses provinces de la monarchie prussienne, appartiennent à deux pentes du versant nord-ouest de l'Europe, à la pente de la mer du Nord, et à la pente de la mer Baltique. (*Voy*. 1re série, pages 104-108).

1o PENTE DE LA MER DU NORD OU DE L'OCÉAN ATLANTIQUE.

Cette pente embrasse tout le grand-duché du Bas-Rhin, toute la Saxe, une grande partie du Brandebourg, et une très-petite portion de la Silésie : elle se compose d'une partie de *cinq bassins*, de la Meuse, du Rhin, de l'Ems, du Weser et de l'Elbe.

1o BASSIN DE LA MEUSE.

La *Roër*, affluent oriental de la Meuse, et qui passe à *Juliers*.

2° Bassin du Rhin.

Le *Rhin*, qui entre dans le grand-duché du Bas-Rhin, vers Coblentz, et passe à *Neuwied*, Bonn, Cologne Dusseldorf, *Duisbourg, Wesel*, et *Emmerich :* un peu à l'ouest de cette dernière ville, le Rhin entre dans la Hollande. Ce grand fleuve reçoit :

A gauche. — La *Moselle*, qui passe à Trèves, et se joint au Rhin à Coblentz : elle est grossie par la *Sarre*, qui passe à *Sarrelouis*.

A droite. — La *Lahn*, qui passe à *Wetzlar*, et se jette dans le Rhin, vers Coblentz ; — la *Ruhr*, qui descend de l'Egge-Gebirg, et arrose *Arensberg, Mulheim* et *Duisbourg*, où elle se joint au Rhin ; — la *Lippe*, qui vient des mêmes montagnes que la précédente, et passe à *Hamm* et à *Wesel*, à son confluent avec le Rhin.

3° Bassin de l'Ems.

L'*Ems*, qui coule dans la mer du Nord, descend du Teutoburger-Wald, et passe à *Warendorf*, et près de Munster.

4° Bassin du Weser.

Le *Weser*, formé par la réunion de la *Fulde* et de la *Werra*, passe à *Minden*.

5° Bassin de l'Elbe.

L'*Elbe*, qui prend sa source dans la Bohême, au pied du Riesen-Koppe, passe à *Torgau*, *Wittemberg* et Magdebourg ; elle reçoit :

A gauche. — La *Mulde*, qui passe près d'*Eilenburg* ; — la *Saale*, qui descend du Thuringer-Wald, et arrose *Naumburg*, *Weissenfelds*, *Merseburg*, *Halle* et *Calbe* : elle est grossie, à droite, par l'*Elster* (blanc), qui passe à *Zeitz*.

A droite. — L'*Elster* (noir), qui se joint à l'Elbe, un peu avant *Wittemberg* ; — le *Havel*, qui passe à *Spandau*, Potsdam, *Brandebourg* et *Rathenau* : elle forme, depuis Spandau, jusqu'à l'ouest du Brandebourg, une longue suite de lacs ou de marais profonds ; cette rivière est grossie par la *Sprée*, qui vient du sud, et arrose *Spremberg*, *Cottbus*, *Lubben*, et passe près de *Friedland*, à BERLIN, et à *Charlottenbourg*.

2° PENTE DE LA MER BALTIQUE.

Cette pente comprend presque toute la Silésie, une grande partie du Brandebourg, la Poméranie, le duché de Posen, et la Prusse occidentale et orientale.

Les principaux fleuves qui y coulent, sont :

La *Recknitz*, qui sépare la Poméranie du Mecklenbourg, et passe à *Demmin* ;

L'*Oder*, qui vient du sud-est, et dont le bassin appartient presque tout entier à la Prusse : il passe à *Ratibor*, *Kosel*, Oppeln, *Brieg*, Bres-

LAU, *Gros-Glogau*, *Crossen*, FRANCFORT-*sur-l'Oder*, *Custrin*, *Schwedt*, STETTIN. — Il reçoit :

A GAUCHE. — La *Neisse supérieure*, qui arrose *Glatz* et *Neisse;* — le *Bober*, qui passe à *Hirschberg*, *Bunzlau*, *Sagan* et *Crossen*, où il se joint à l'Oder ; — la *Neisse inférieure*, qui arrose *Gorlitz* et *Guben*.

A DROITE. — La *Warta*, qui vient de la Pologne, et passe à *Schrimm*, POSEN, *Obornik*, *Birnbaum*, à *Landsberg*, et à *Custrin*, où elle se jette dans l'Oder : cette grande rivière reçoit à droite, la *Netze*, qui passe près d'*Inowrazlau*, à *Nakel* et *Tschernitzow ;* la Netze, est elle-même grossie par le *Kuddow;* — le *Plone*, et l'*Ihna* qui passe à *Stargard :* ces deux petites rivières coulent à l'est de Stettin, et communiquent l'une à l'autre par un lac

Le *Rega;* — le *Persantz*, petits fleuves côtiers, dont le dernier passe à *Colberg*, situé à son embouchure ;

La *Vistule*, qui vient de l'Autriche, traverse la Pologne, et entre dans la Prusse, près de THORN ; elle arrose ensuite *Culm*, *Schwetz*, MARIENWERDER, et se divise en plusieurs branches : la branche occidentale, arrose DANTZICK, à son embouchure ; l'orientale, passe à *Marienburg*, l'ancienne résidence des chevaliers teutoniques, et près d'*Elbing :* cette branche orientale porte le nom de *Nogath*, et a son embouchure dans le Frische-Haff ; la branche qui passe à Dantzick, se nomme *Motlau :* — sur le territoire prussien, la Vistule reçoit à droite le *Drewenz* qui passe à *Strasburg*, et sépare la **Prusse** de la **Pologne** ;

La *Passarge*, qui coule au nord, passe à *Braunsberg*, et débouche dans le Frische-Haff;

Le *Prégel*, qui passe à *Wehlau* et à KœNIGS-BERG, vers son embouchure, dans le Frische-Haff : il est formé de l'*Alle*, qui arrose *Allenstein*, *Heilsberg*, *Friedland* et *Wehlau;* — et de la *Rominte*, qui passe à *Insterberg ;*

Le *Niemen*, fleuve considérable, qui vient de Russie, passe à *Tilsit*, et se jette dans le Curische-Haff; il prend à son embouchure le nom de *Memel*.

MONTAGNES.

Dans le grand-duché du Bas-Rhin, et à l'ouest du fleuve, on voit les collines de l'*Eiffel-Ge-birg*, qui se terminent un peu au-dessous de Coblentz ; à l'est de la Westphalie, on trouve successivement du sud au nord, le *Rothaur-Geb ;* — l'*Egge-Geb ;* — et le *Teutoburger-Wald ;* mais ces petites montagnes n'atteignent pas une grande hauteur : elles séparent les bassins du Rhin et de l'Ems, de celui du Weser.

Au sud, dans la Silésie, et entre cette province et la Bohême, s'élève le *Riesen-Geb* ou *Gebirg*, dont le plus haut sommet, le *Riesen-Koppe*, de 825 toises au-dessus de l'Océan, est le point culminant de toute la monarchie.

LACS PRINCIPAUX.

Les lacs les plus remarquables de ce royaume, sont :

Le *lac Leba*, vers la ville de ce nom, dans l'est de la Poméranie ; — le *lac Jésérich* et le *lac Drewenz*, où la rivière de ce nom prend sa source ; — le *lac Spirding* et le *lac Mauer*, dans la Prusse orientale, qui en renferme un grand nombre d'autres moins considérables.

CLIMAT, MINÉRAUX, VÉGÉTAUX, ETC.

La Prusse est en général un pays d'immenses plaines, la plupart sablonneuses et peu fertiles, à l'exception de quelques parties qui bordent les fleuves et les rivières : l'agriculture y est portée à un haut degré de perfection, et le sol produit abondamment du *seigle* et de l'*orge* : le *froment* n'y réussit point et rapporte peu ; on y recueille une immense quantité de *pommes de terre* et de toutes sortes de *légumes*, dont on fait une considerable exportation. Dans les grands pâturages, vivent une multitude de troupeaux de *moutons*, de *bœufs*, et de *porcs* qui fournissent, surtout dans le duché du Bas-Rhin, les meilleurs *jambons* de l'Allemagne. Les troupeaux de moutons fournissent une quantité de *laine estimée*, suffisante aux besoins des manufactures. Les *chevaux*, quoique n'étant pas d'une belle race, s'y perfectionnent tous les jours. On trouve, dans plusieurs endroits, des forêts assez considérables pour fournir aux besoins du pays et au commerce extérieur. — Les richesses minérales, généralement, n'y sont pas abondantes, mais elles sont très-variées, et l'on y trouve un peu d'*or* et d'*argent*, du *cuivre*, du *fer*, du *zinc*, du *charbon de terre* et du *sel*. Le climat y est tempéré, et généralement très-sain.

SUPERFICIE.

La *superficie* totale de la monarchie prussienne est de 13,966 lieues carrées, habitées par une *population* de 12,164,000 âmes, selon Balbi, ce qui donne pour la *population relative*, ou pour chaque lieue carrée, environ 870 habitants — Ajoutons que depuis *Sarrelouis*, au sud-est, jusqu'à *Gumbinnen*, au nord-est, la Prusse a, dans sa *plus grande dimension*, à peu près 280 lieues.

RELIGION.

La religion protestante, qui renferme tous les cultes réformés, est professée par la majeure partie de la population ; mais *l'église catholique romaine*, à la tête de laquelle se trouve l'archevêque de Cologne, jouit des mêmes droits, ainsi que tous les autres cultes, même celui des *juifs*, qui ne sont pas en grand nombre.

GOUVERNEMENT.

On peut dire que maintenant la Prusse forme une *monarchie constitutionnelle*, depuis que le roi actuel a ordonné l'assemblée des trois ordres de l'Etat, pour faire l'application des principes constitutifs, dans toutes les provinces qui composent la monarchie.

INDUSTRIE ET COMMERCE.

Les principales branches de l'*industrie prussienne*, l'une des plus perfectionnées de l'Europe, sont les manufactures de *toile*, dans la Silésie et la Westphalie ; de *laine*, dans presque toute l'étendue de la monarchie, mais surtout dans le Bas-Rhin ; de *fer*, aussi dans le Bas-Rhin, et dans la Silésie, de coton, de soie, et de cuir.

Le *commerce intérieur* est fort actif, et ses principaux foyers sont : *Berlin* et *Breslau;* puis *Magdebourg, Cologne, Francfort-sur-l'Oder, Posen, Aix-la-Chapelle* et *Coblentz,* etc.

Les principales places du *commerce extérieur,* qui se fait par terre et par mer sont : — *Dantzick, Meml, Kœnigsberg, Stralsund* et *Stettin.*

TOPOGRAPHIE.

Nous allons maintenant faire connaître les villes les plus considérables de la monarchie, en suivant l'ordre des provinces dans le tableau que nous avons donné.

1º DANS LE GRAND-DUCHÉ
DU BAS-RHIN.

Cologne, capitale de tout le duché : c'est une grande et fameuse ville, dont la population qui s'accroît sans cesse, s'élève maintenant à 65,000

âmes : on y remarque, parmi un grand nombre
de beaux édifices, le magnifique et vaste *dôme*,
qui est sa cathédrale, et l'hôtel-de-ville : elle fait
un très-grand commerce, et possède plusieurs
bateaux à vapeur, qui descendent ou remontent
le Rhin, vers les villes voisines ;

Aix-la-Chapelle, l'antique capitale de l'empire de Charlemagne, et où se trouve son tom-
beau dans le *Munster*, église qu'il avait fait
bâtir; on y remarque encore l'hôtel-de-ville et
le théâtre. Les reliques que cette ville possède y
attirent tous les sept ans une grande affluence
de pèlerins, et cette année 1839, il y en aura une
exposition. Cette ville célèbre compte environ
37,000 habitants;

Elberfeld, ville industrieuse et commerçante,
et dont la population s'élève à 30,000 âmes : elle
est au nord est de Cologne ;

Dusseldorf, sur le Rhin, avec un vieux château; on y compte 24,000 habitants ;

Trèves, sur la Moselle; elle fut longtemps
sous la domination romaine, la première ville
des Gaules, et l'on y trouve encore des restes
imposants de sa grandeur et de sa magnificence :
elle a une faible population de 16,000 habitants
environ;

Bonn, sur le Rhin, avec 12,000 âmes : c'est
une des villes les plus industrieuses et les plus
commerçantes du Bas-Rhin ;

Munster, près de l'Ems, dans la WESTPHALIE,
ville assez considérable de 21,000 habitants :

c'est là que fut signé le fameux traité de Westphalie, en 1648.

Coblentz, ville forte, au confluent de la Moselle et du Rhin, dans une position charmante, avec une population de 12,000 âmes.

On doit remarquer encore dans le Bas-Rhin :

Arensberg;—Minden, ville commerçante ; — —*Clèves;* — *Juliers,* place forte ; — *Sarrelouis* et *Paderborn*, déjà fameuse sous Charlemagne.

2° DANS LA PROVINCE DE SAXE.

MAGDEBOURG , grande ville de 51,000 habitants, et capitale de la Saxe ; elle est sur la rive gauche de l'Elbe , et est considérée comme une des plus fortes places de l'Europe : on y remarque surtout la cathédrale , le palais du gouvernement et la citadelle ;

Halle, ville célèbre par son université et par ses mines de sel : on y compte 26,000 âmes ; elle est située sur la Saale, un peu au nord de :

Merseburg , petite ville industrieuse de 8,000 habitants ;

Lutzen, petite ville un peu au sud-est de Merseburg : célèbre par les deux grandes batailles qui s'y sont livrées ;

Erfurth , ville forte et considérable où l'on compte 25.000 habitants.

Wittemberg, petite ville bâtie sur l'Elbe, et fameuse par les tombeaux de Luther et de Mélanchton.

12.

3° DANS LE BRANDEBOURG.

BERLIN, sur la Sprée, grande et belle ville de 240,000 habitants. On y remarque le palais du roi, celui de l'université, deux beaux théâtres, l'arsenal, des places superbes et des ponts magnifiques ; elle possède un grand nombre d'établissements scientifiques et littéraires : c'est l'une des villes les mieux bâties de l'Europe : elle est la capitale du Brandebourg et de toute la monarchie prussienne ;

Potsdam, sur le Havel, avec une magnifique résidence royale bâtie par Frédéric-le-Grand : c'est une ville industrieuse et qui renferme 32,000 âmes ;

Francfort-sur-l'Oder, ville très - commerçante de 22,000 habitants.

4° DANS LA POMÉRANIE.

STETTIN, capitale de la Poméranie : elle est bâtie sur l'Oder qui y forme un bon port ; par son commerce et son industrie, cette ville est devenue l'une des premières de la monarchie prussienne ; population 32,000 âmes ;

Stralsund, ancienne capitale de la Poméranie suédoise ; elle a un bon port et 17,000 habitants : elle possède un bateau à vapeur qui fait le trajet de Prusse en Suède ;

Coslin, avec 6,000 âmes : c'est une petite ville commerçante et industrieuse.

5º DANS LA SILÉSIE.

Breslau, avec une population de plus de 90,000 âmes : c'est la capitale de la Silésie et la deuxième ville de toute la monarchie prussienne. Sa situation sur l'Oder favorise son commerce et son industrie : elle renferme une assez belle cathédrale et d'autres édifices publics remarquables;

Liegnitz;— et *Oppeln*, petites villes commerçantes et industrieuses, surtout la première

6º DANS LE DUCHÉ DE POSEN.

Posen, sur la Warta : c'est une ville florissante de 28,000 habitants, et la capitale du duché ;

Bromberg et *Gnesen*, qu'on dit être la plus ancienne ville de la Pologne : ces deux villes ont une très-faible population ;

7º DANS LA PRUSSE OCCIDENTALE.

Dantzick, à l'embouchure de la Moltau, branche occidentale de la Vistule, avec une population de 62,000 habitants : c'est la capitale de la Prusse occidentale, le premier des ports de toute la monarchie prussienne, et l'une de ses plus fortes places : on y remarque sa cathédrale, l'hôtel-de-ville, l'arsenal, etc. ; elle possède plusieurs établissements publics scientifiques et littéraires ;

Elbing, près du Nogath, branche orientale

de la Vistule c'est une ville très-commerçante,
et dont la population s'élève à 20,000 âmes ;

Thorn, sur la Vistule, ville forte de 11,000
habitants : elle est fort industrieuse ; c'est la
patrie du fameux Copernic ;

Marienwerder, petite ville où l'on remarque
une belle et vaste cathédrale.

8o DANS LA PRUSSE ORIENTALE.

Kœnigsberg , capitale de toute cette province, grande et commerçante ville de 68,000
âmes : c'est l'ancienne résidence des ducs de
Prusse ;

Memel, à l'extrémité septentrionale du
Curische - Haff : elle fait un commerce considérable , et compte environ 10,000 habitants ;

Tilsitt, sur le Niemen, fameuse par le traité
de Tilsitt, signé en 1807, entre la France, la
Prusse et la Russie ;

Gumbinnen, petite ville assez industrieuse;

Friedland, petite ville fameuse par la grande
bataille qu'y gagna l'empereur Napoléon, sur les
Russes et les Prussiens réunis.

Ainsi, les principales villes de la monarchie
prussienne, sont :

Berlin, Breslau, Kœnigsberg, Dantzick, Cologne, Magdebourg, Aix-la-Chapelle, Stettin,
Potsdam, Elberfeld et Halle.

EMPIRE D'AUTRICHE.

SITUATION.

L'empire d'Autriche est compris entre le 42e et le 51e degré de latitude boréale, et entre le 6e et le 24e degré de longitude orientale de Paris.

LIMITES.

Il est borné :

A l'*ouest*, par la Bavière, la Suisse et la Sardaigne, dont le Tessin et le lac Majeur la séparent ;

Au *sud*, par le Pô et l'Italie, la mer Adriatique et la Turquie d'Europe, dont la séparent la Save et le Danube ;

A l'*est*, par la Russie ;

Au *nord*, encore par la Russie, la Pologne, la Prusse et la Saxe : c'est la Vistule, qui, dans son cours supérieur, la sépare de la Pologne.

MERS ET GOLFES, ETC.

Cette vaste monarchie est baignée par une seule mer, la *mer Adriatique*, qui forme, au nord, le *golfe de Venise*, dans le royaume Lombard-Vénitien, et le *golfe de Trieste*, sur les côtes de l'Illyrie ; — au sud-est, entre les îles Veglia et Cherso, qui dépendent de la Croatie, on trouve, le *canal de Quarnero ;* — et enfin, tout à fait à l'extrémité de l'empire, au sud-est, on trouve les *Bouches de Cattaro*, golfe assez profond des côtes de la Dalmatie.

PRESQU'ILES.

Nous en signalerons deux :

La *presqu'île d'Illyrie*, qui est comprise entre le golfe de Trieste et le canal de Quarnero ; — et la longue *presqu'île de Sabioncello*, sur les côtes de la Dalmatie, au nord-ouest de Raguse.

ILES.

Elles se trouvent toutes le long des côtes de la Croatie et de la Dalmatie.

Voici les principales :

Veglia, *Cherso*, *Arbe* et *Pago*, à la Croatie ; — *Grossa*, *Ugliano*, *Brazza*, *Lesina*, *Lissa*, *Corzola* et *Meleda*, à la Dalmatie ; ces îles sont assez bien peuplées, et produisent des vins, de l'huile, des amandes, des oranges et des citrons : il s'y fait une pêche abondante de sardines et autres poissons.

DIVISIONS.

Le tableau suivant fait connaître les principales divisions de l'empire d'Autriche, avec leurs capitales et chefs-lieux. Nous les avons classées en *pays allemands*, ou qui font partie de la confédération germanique ; — *pays italiens ;* — *pays hongrois ;* — et *pays polonais.*

	Pays.	Capitales.	Villes remarquables.
Pays italiens.	Royaume Lombard-Vénitien.	MILAN.	VENISE , Udine , *Padoue* , Trevise , Vicence, Verone, Mantoue , Cremone , Brescia , Bergame , Pavie.
Pays allemands.	Comté du Tyrol. . . .	Inspruck.	Trente.
	Royaume d'Illyrie. . .	Laybach.	Klagenfurt, Trieste.
	Duché de Styrie . . .	*Grætz.*	
	Archi-duché d'Autriche.	VIENNE.	Salzbourg, Lintz.
	Royaume de Bohème .	PRAGUE.	
	Margraviat de Moravie.	Brunn.	Olmutz , Iglau.
	Silesie	Troppau.	
Pays polonais.	Royaume de Galicie .	LEMBERG.	Brody.
Pays hongrois.	Principauté de Transylvanie.	Hermanstadt.	Clausenbourg, Cronstadt.
	Royaume de Hongrie .	Ofen ou Bude.	Presbourg, Temeswar, Szegedin, Debrecin.
	Royaume de Slavonie .	Eszeck.	Peterwardein, Semlin.
	Royaume de Croatie .	Agram.	Carlstadt.
	Royaume de Dalmatie.	Zara.	Spalatro, Raguse.

PENTES ET FLEUVES.

Les pays qu'embrasse l'empire d'Autriche peuvent être divisés, sous le rapport hydrographique, en quatre pentes : deux au nord et deux au sud, savoir :

Pente de la mer du Nord.
Pente de la mer Baltique.
} Dans le versant nord-ouest.

Pente de la mer Noire.
Pente de la mer Adriatique.
} Dans le versant sud-est.

} De l'Europe. (*Voy.* 1re serie, pag. 104-112.)

1° PENTE DE LA MER DU NORD.

Elle comprend la Bohême presque tout entière, et ne renferme qu'un seul fleuve :

L'*Elbe*, qui prend sa source dans le Riesing-Gebirg, coule au nord-ouest, et passe à *Josephstadt*, *Kœnigingratz*, *Theresienstadt* et *Leimeritz* ;

Elle reçoit, à gauche, — la *Moldau*, qui arrose *Budweis* et PRAGUE : la Moldau est grossie par la *Beraun*, qui passe à Pilsen et à *Beraun* ; — l'*Eger*, qui vient de l'ouest, et passe à *Eger*, *Elbogen*, *Carlsbad*, *Saatz* et *Theresienstadt*.

2° PENTE DE LA MER BALTIQUE.

Elle comprend la Silésie, et toute la partie nord-ouest de a Galicie.

On y trouve :

L'*Oder*, qui prend sa source dans la Moravie, non loin de Weisskirchen, et traverse la Silésie ;

La *Vistule*, qui prend sa source dans la Silésie, vers les monts Jablunka, et traverse aussi la Silésie ; elle reçoit, à droite, — le *Dunajec*, qui passe à *Neu-Sandec* ; — le *San*, qui passe à *Sanok* et à *Przemysl* ; — et le *Bug*, qui passe à *Zloczow*.

3° PENTE DE LA MER NOIRE.

Cette pente, de beaucoup la plus considérable de toutes, comprend la partie septentrionale du Tyrol et du royaume d'Illyrie ; l'archiduché d'Autriche, le royaume de Hongrie ; toute la partie méridionale de la Galicie, la Transylvanie, la Slavonie, et presque toute la Croatie.

Ses principaux fleuves sont :

Le *Dniester*, qui traverse la Galicie, et passe à *Sambor, Halicz, Zalescliki* ?

Le *Danube*, qui prend sa source dans le grand-duché de Bade, et entre en Autriche, à son confluent, avec l'Inn : il arrose, en Autriche, LINTZ, *Ems, Krems, Korneuburg*, VIENNE ; — en Hongrie, PRESBOURG, *Vieselburg, Raab, Gran*, BUDE et PESTH ; — en Slavonie, *Vukovar*, PETERWARDEIN, *Semlin* ; — et encore, en Hongrie, à l'extrême frontière de l'empire, *Orsova*. Ce grand fleuve reçoit :

A GAUCHE : — La *March*, qui traverse la Moravie, et sépare l'Autriche de la Hongrie ; elle passe à *Olmutz* et à *Hradisch :* elle reçoit, à droite, la *Thaya*, qui passe à *Znaym;* la Thaya, est grossie par l'*Iglawa*, qui passe à *Iglau*, et qui reçoit à son tour la *Schwarza*, qui arrose BRUNN ; — le *Waag*, qui arrose *Sz-Mikloz*, *Trentschen*, *Léopoldstadt*, et se joint au Danube, près de *Comorn;* — le *Gran*, qui passe près de *Neusohl*, et se jette dans le Danube, vis-à-vis de *Gran;* — l'*Ipoly* ou *Eupel*, qui passe à *Gyarmath* et *Ipoly-Sagh;* — la *Theiss*, grande rivière, qui prend sa source dans les monts Carpathes, et traverse toute la Hongrie, d'abord de l'est à l'ouest, et ensuite du nord au sud; elle passe à *Szigeth*, à *Tokay* et à *Szegedin;* elle est grossie, à droite, par l'*Hernad*, qui passe à IGLO et à *Kaschau;* à gauche, par le *Szamos*, dont la branche occidentale passe à CLAUSENBOURG et à *Dées;* le *Koros*, dont la branche du nord appelée Schebes-Koros, arrose *Gross-Wardein*, et la branche du sud, nommée Feher-Koros, passe à *Boros-Jeno* et à *Gyula ;* et par le *Maros*, rivière considérable, qui descend des monts Carpathes, et passe à MAROSVASARHELY, *Carlsburg* et *Mako;* — le *Temes*, qui arrose *Lugot* et *Panesova;* — l'*Aluta*, qui traverse la Transylvanie ; — le *Sereth;* — et le *Pruth*, qui traverse, comme le précédent, la Galicie, et passe à *Kolomea* et *Tschernowitz.*

A DROITE : — Le Danube reçoit :

L'*Iller*, le *Lech* et l'*Iser*, qui prennent seulement leur source dans le Tyrol ; — l'*Inn*, qui vient de la Suisse, et passe à *Imst*, à Inspruck et à *Braunau* : il est grossi par la *Salza*, qui arrose Salzbourg ; — la *Traun*, qui traverse les lacs Alter, et passe à *Wels*; — l'*Enns*, qui arrose *Steger* et *Enns* ; — le *Raab*, qui se jette dans le Danube, près de *Ráab* ; — la *Drave*, qui vient du Tyrol, et passe à *Lienz*, *Villach*, *Mahrburg*, *Warasdin* et Eszeck : elle reçoit, à gauche, la *Mur*, qui passe à *Judenburg*, *Bruck* et à Grætz ; — la *Save*, qui descend des montagnes de l'Illyrie, et passe à Laybach, Agram, *Alt-Gradiska* et *Brod* : la Save est grossie, à droite, par la *Kulpa*, qui passe à *Carlstadt* et à *Petrinia* ; et par l'*Unnacz*, qui sépare une partie de la Croatie de la Turquie.

4° Pente de la mer Adriatique.

Cette pente embrasse une partie du Tyrol, le royaume Lombard – Vénitien, une partie de l'Illyrie et de la Croatie, et toute la Dalmatie.

Ses fleuves les plus remarquables sont :

Le *Lisonzo*, dans l'Illyrie, qui passe à *Gorizia*, et se jette dans le golfe de Trieste ;

Le *Tagliamento*; — la *Piave*, qui passe à *Bellune* et à *Feltre*;

La *Brenta*, qui vient du Tyrol, et passe à Venise ;

L'*Adige*, qui descend des Alpes tyroliennes, et passe à Trente, *Roveredo*, *Verone*, *Legnano* et *Rovigo* ;

Le *Pó*, qui coule de l'ouest à l'est, et passe à *Crémone ;* il reçoit :

A GAUCHE. — Le *Tessin*, qui traverse le lac Majeur, séparè le royaume Lombard-Vénitien du Piémont, et passe à *Pavie ;* — l'*Adda*, qui passe à *Sondrio*, traverse le lac de Como, et arrose ensuite *Lodi ;* — l'*Oglio*, qui traverse le lac d'Iséo ; — et le *Mincio*, qui entre dans le lac de Garde, et passe à *Mantoue*.

MONTAGNES.

On peut diviser les montagnes qui se trouvent dans l'empire d'Autriche, en deux vastes systèmes, celui des *Carpathes*, au delà du Danube ; et celui des Alpes, en deçà du Danube.

SYSTÈME DES ALPES.

Les Alpes s'étendent dans le royaume Lombard-Vénitien et dans le Tyrol, sous le nom d'*Alpes rhétiennes ;* dans le Tyrol, l'Autriche et l'Illyrie, sous le nom d'*Alpes noriques ;* elles parcourent le Tyrol et l'Illyrie, sous le nom d'*Alpes carniques ;* et sous celui d'*Alpes juliennes*, l'Illyrie et la Croatie. Enfin, elles s'appellent *Alpes dinariques*, dans la Croatie et la Dalmatie.

Dans la Hongrie, une ramification des Alpes noriques prend le nom de *Baconier-Wald*, au nord-ouest du lac Balaton.

Vers l'ouest, dans le Tyrol, une branche secondaire des Alpes rhétiennes, le *Vorarlberg*, va lier, vers les sources du Danube, les deux systèmes des Alpes et des Carpathes.

Système des Carpathes.

Le cours supérieur de l'Elbe comprend toute la Bohême, et forme un vaste bassin, entouré de l'*Erz-Gebirg*, au nord-ouest; — du *Bœhmerwald-Gebirg*, au sud-ouest; — du *Mahrisches-Gebirg*, au sud est; — et du *Riesen-Gebirg*, au nord-est.

Entre la Hongrie et la Galicie, se trouvent les monts Carpathes, qui s'étendent jusque dans la Transylvanie qu'ils séparent de la Turquie. — Vers l'ouest, cette grande chaîne de montagnes forme une ramification appelée *mont Jablunka* et *petit Carpathe*.

De toutes ces montagnes, le plus haut sommet est l'*Ortler-Spitz*, dans les Alpes rhétiennes : c'est le point culminant de l'empire d'Autriche, et sa hauteur est de 2,010 toises, au-dessus du niveau des mers.

LACS.

Les principaux sont :

Dans le royaume Lombard - Vénitien : — le *lac Majeur;* — le *lac de Como;* — le *lac d'Iseo;* — et le *lac de Garde.*

Dans l'Illyrie : — le *lac Zirknitzer*, dont

les eaux paraissent et disparaissent alternativement ;

Dans l'Autriche : — les *lacs Alter* ;

Dans la Hongrie : — le *lac Neusiedl*, au sud-est de Vienne, — et le *lac Balaton*, qui est le plus considérable.

Nous pouvons ajouter qu'une partie du grand lac de *Constance*, appartient au *Tyrol*.

CLIMATS.

La chaîne des montagnes méridionales de la Bohême et des monts Carpathes, depuis le confluent de l'Inn jusqu'à la source de l'Aluta ; — et la chaîne des Alpes rhétiennes, carniques, juliennes et dinaiques, depuis le Tessin, jusqu'à Cattaro, partagent de l'est à l'ouest tout l'empire d'Autriche, en trois bandes irrégulières et inégales, et y déterminent trois climats généraux, *celui du nord*, *celui du centre* et *celui du sud*.

Dans la région septentrionale, le temps est variable, l'hiver long et rigoureux : on y cultive surtout le *blé* et le *lin*. Les *arbres fruitiers* y prospèrent, mais ni le vin, ni le maïs ne peuvent y réussir.

Dans la région centrale, beaucoup plus étendue que les autres, l'hiver est très-froid, et les chaleurs de l'été très-grandes ; mais le printemps y est doux et l'automne aussi : on y recueille en abondance, des *vins*, du *maïs* et du *blé*.

La région méridionale est généralement très-chaude : l'hiver n'y dure que deux mois. Les *olives*, les *mûriers*, le *riz*, les *oranges* et les *citrons* y prospèrent, et généralement tous les fruits des pays méridionaux.

MINÉRAUX.

L'empire d'Autriche possède un grand nombre de richesses minérales : la Transylvanie produit de l'*or*; la Hongrie, de l'*argent* et du *cuivre*; la Bohême, de l'*étain*; la Styrie et la Transylvanie, du *plomb*; la Styrie et la Lombardie, du *fer*; le *mercure* s'y trouve aussi dans le Tyrol; et le *sel* fait la richesse de la Galicie, du Tyrol et de la Slavonie. — Enfin, on y trouve encore des pierres précieuses.

VÉGÉTAUX.

Nous avons déjà indiqué, d'une manière générale, la distribution du règne végétal dans l'empire - d'Autriche : nous ajouterons qu'il n'existe peut-être aucun autre pays en Europe, où les arbres fruitiers soient cultivés avec plus de soin et de succès.

ANIMAUX.

Les nombreux pays qui composent la vaste monarchie autrichienne sont si différents par leur situation et par leur climat, que presque toutes les espèces d'animaux du continent européen s'y trouvent, soit domestiques, soit sauvages. — Ainsi, la Hongrie, la Bohême, la Moravie, et d'autres provinces, possèdent d'immenses troupeaux de *bœufs* et de *moutons;* — on rencontre de *beaux chevaux* dans la Hongrie, la Transylvanie et la Slavonie, où l'on élève aussi un grand nombre de *chèvres* et de *porcs;* — l'*aurochs* est commun dans la Slavonie et la Transylvanie; et dans les forêts de l'empire, on trouve en abondance toute sorte de gibier et de bêtes fauves.

SUPERFICIE ET POPULATION.

La *superficie* de tout l'empire d'Autriche contient environ 33,678 lieues carrées, et sa *population absolue* s'élève à 32,000,000 d'âmes, ce qui donne pour *chaque lieue* carrée 950 habitants.

RELIGION.

La *religion catholique romaine* est la religion dominante de l'empire, et celle qui est professée par plus des deux tiers de la population; — viennent ensuite, selon l'ordre de leur importance, la *religion protestante*, soit calviniste, soit luthérienne; — et la *religion grecque;* — on y trouve aussi un assez grand nombre de *juifs.*

GOUVERNEMENT.

Cet état forme une monarchie héréditaire, plus ou moins absolue, et dont le chef est un empereur. Il partage le pouvoir législatif avec les représentants de la Hongrie et de quelques autres provinces, mais c'est à lui seul qu'appartient tout entier le pouvoir exécutif, et pour quelques pays, la puissance de faire les lois. Les femmes ne sont point exclues du trône.

INDUSTRIE ET COMMERCE.

La situation générale de l'Autriche n'est pas favorable au commerce extérieur; elle a un petit nombre de provinces maritimes, encore sont-elles séparées de l'intérieur par des montagnes élevées; — et ses grands fleuves navigables ont presque tous leurs embouchures dans des mers éloignées, au delà des pays voisins : son commerce extérieur est donc peu considérable relativement à celui des autres nations.—Les ports où il a le plus d'activité, sont: Trieste, Zara, Venise et Raguse.

Le commerce intérieur, alimenté par les besoins d'une population nombreuse et par une industrie qui se perfectionne et se développe chaque jour davantage, est plus étendu et plus actif, et cependant il est réellement au désavantage de l'empire qui reçoit plus de marchandises des pays étrangers qu'il ne leur en fournit. Les principales villes de commerce de l'intérieur sont : Vienne, Prague, Brody, Pesth, Milan, Brescia, Bergame, Grætz, Olmutz et Troppau, etc.

TOPOGRAPHIE.

Les villes les plus remarquables de l'empire d'Autriche sont :

1° DANS LE ROYAUME LOMBARD-VÉNITIEN.

Milan, capitale de la Lombardie, et maintenant l'une des plus belles villes de l'Italie et de tout l'empire autrichien. On y admire un grand nombre de monuments publics, entre autres la cathédrale, la plus grande église d'Italie, après Saint-Pierre de Rome. On y compte environ 155,000 habitants ;

Pavie, avec 24,000 âmes : cette ville, autrefois si fameuse, et encore aujourd'hui fort importante, est située sur la rive gauche du Tessin : elle possède une célèbre université ;

Bergame, ville industrieuse et commerçante, bâtie sur un rocher : population, 32,000 habitants ;

Brescia, avec 31,000 âmes, ville considérable, et qui possède un grand nombre d'établissements scientifiques et littéraires ;

Crémone, ville forte, sur le Pô, avec 27,000 habitants : elle fait un commerce considérable de violons et de cordes musicales ;

Mantoue, sur le Mincio, ville forte et très-considérable, avec un grand nombre de beaux édifices et d'établissement publics : on y compte 28,000 habitants ;

Vérone, sur l'Adige, avec une population de 47,000 âmes : c'est une des plus belles et

des plus florissantes villes de l'Italie septentrionale, et elle est remplie de monuments remarquables, entre autres l'église de Saint-Zénon
et la cathédrale ;

Padoue, près de la rive droite de la Brenta :
c'est une ville grande, industrieuse et commerçante, et fameuse surtout par son université,
l'une des premières de l'Europe. Elle possède un
grand nombre de belles églises et de beaux monuments, parmi lesquels on remarque, surtout
à cause de ses vastes dimensions, la salle de justice · population, 51,000 habitants ;

Vicence, avec 31,000 habitants, jolie et très-
commerçante ;

Venise, avec une population de 103,000 âmes;
bâtie entièrement sur pilotis. Cette ville, unique
dans son genre, est composée d'un grand nombre d'îlots séparés par de nombreux canaux : c'est
une place très-forte et un port commerçant On y
remarque la place, la tour et l'église de Saint-
Marc; son bel arsenal, la superbe collection de
ses archives, et plusieurs établissements scientifiques et littéraires On la regarde comme l'une
des plus belles villes de l'Italie ;

Trévise, avec 16,000 habitants : il s'y fait un
commerce considérable de toiles et de papiers.

2° DANS LE COMTÉ DU TYROL.

Inspruck, petite ville de 11,000 habitants, sur
l'Inn ;

Trente, sur l'Adige, célèbre par le concile général qui s'y est tenu dans le seizième siècle : population, 12,000 âmes.

3° DANS LE ROYAUME D'ILLYRIE.

Laybach, petite ville de 10,000 habitants ;

Klagenfurt, avec une égale population Cette dernière fait un commerce actif ;

Trieste, port franc de la mer Adriatique , et ville considérable de 49,000 âmes. C'est une des places les plus commerçantes de l'empire.

4° DANS LE DUCHÉ DE STYRIE.

Grætz, sur la Mur, avec un beau château impérial et une population de 40,000 habitants.

5° DANS L'ARCHI-DUCHÉ D'AUTRICHE.

Salzbourg, ville industrieuse de 14,000 habitants ;

Linz, ville forte de 24,000 âmes ;

VIENNE, capitale de tout l'empire, avec une population de 330,000 âmes. Cette grande ville possède plusieurs beaux palais, de superbes églises et de magnifiques bibliothèques : elle renferme aussi un grand nombre d'établissements scientifiques et littéraires, et l'une des premières universités de l'Europe. — Un peu au nord-est de Vienne , on remarque les petites villes d'*Essling* et de *Wagram*, fameuses par les grandes batailles qui s'y sont livrées.

6° DANS LA BOHÊME.

Prague, sur la Moldau , grande et belle ville d'environ 120,000 habitants : on y remarque l'immense château impérial, l'hôtel-de-ville, l'antique cathédrale et plusieurs beaux palais, entre autres celui du fameux Waldstein. Elle possède une bonne université qui fut célèbre dans le moyen-âge, et une riche bibliothèque ;

Carlsbad, à l'ouest de Prague, sur l'Eger, c'est une très-petite ville, mais qui possède des *bains d'eaux minérales* renommés par toute l'Europe.

7° DANS LA MORAVIE.

Brunn, ville considérable et très-commerçante, avec une population de 40,000 habitants ;

Austerlitz, très petite ville, mais célèbre par la grande victoire que Napoléon y remporta en 1805, sur les empereurs d'Allemagne et de Russie ;

Olmütz, ville florissante, avec 19,000 âmes.

8° DANS LA SILÉSIE.

Troppau, avec 12,000 âmes et un superbe palais des princes de Lichtenstein.

9° DANS LA GALICIE.

Lemberg, grande et florissante ville, capitale du royaume polonais de Galicie ; elle est située dans la partie supérieure du bassin du Dniester ; elle fait un commerce considérable avec la Russie et la Turquie : on lui accorde 60,000 habitants;

Brody, ville très-considérable, la deuxième de

la Galicie et l'une des plus commerçantes de tout l'empire : elle est presque entièrement habitée par des juifs : population 22,000 habitants.

10° DANS LA TRANSYLVANIE.

Clausenbourg , ville assez importante de 20,000 âmes ;

Marosvasarhely, petite ville de 10,000 âmes;

Hermanstadt, capitale de la Transylvanie, avec 18,000 habitants ;

Cronstadt, à l'est ; c'est la ville la plus considérable de la Transylvanie, et l'une des plus commerçantes de tout l'empire. On porte sa population à 25,000 habitants.

11° DANS LA HONGRIE.

Ofen ou *Bude*, sur la rive droite du Danube, et PESTH, sur la rive gauche . ces deux villes forment ensemble la capitale de la Hongrie et renferment une population de 95,000 âmes, dont 75,000 pour Pesth seulement. — On remarque dans la première, le palais royal, l'arsenal, l'observatoire ; — dans la seconde, l'hôtel des invalides, de belles casernes et un superbe théâtre : dans toutes deux, plusieurs établissements publics scientifiques et littéraires ;

Presbourg, ancienne capitale de la Hongrie, et l'une des plus belles villes du royaume, elle compte 41,000 habitants ;

Temeswar, entre le Temes et le Maros, jolie

ville assez considérable , et dont la population s'élève à 14,000 âmes ;

Szegedin, au confluent de la Theiss avec le Maros, ville très-commerçante et industrieuse, qui compte 32,000 habitants ,

Theresienstadt, grand amas de villages industrieux et commerçants, dont on porte la population à 40,000 âmes ;

Schemnitz, avec 22,000 âmes . ville fameuse par ses mines d'or et d'argent et par son école royale de minéralogie ; — *Kremnitz*, au nord-ouest, petite ville qui possède aussi de riches mines des mêmes métaux ;

Erlau, ville assez importante, de 17,000 habitants ;

Debreczin , grande et industrieuse ville de 45,000 habitants : c'est la deuxième ville du royaume de Hongrie et l'une des plus commerçantes de l'empire : il s'y fabrique une immense quantité de draps grossiers, de bottes et de cuirs, etc.

12o DANS-LA SLAVONIE.

Eszeck , ville d'une médiocre étendue , mais importante par ses fortifications : elle est sur la Drave ;

Peterwardein , petite ville très-forte sur le Danube ;

Semlin, encore sur le Danube : elle est devenue importante par son commerce.

13° DANS LA CROATIE,

Agram, ville de 17,000 habitants, qui fait un commerce actif.

14° DANS LA DALMATIE.

Zara, petite ville importante par son port, son industrie et son commerce actif;

Spalatro, avec 8,000 habitants : elle est située non loin de l'ancienne *Salone*, retraite de Diocletien;

Raguse, autrefois si florissante, ne compte plus que 6,000 âmes.

Rappelons-nous que les villes les plus considérables que nous venons de nommer sont :

Vienne, Milan, Venise, Prague, Pesth et Lemberg.

SUISSE.

SITUATION.

Ce pays fameux qui occupe le plateau élevé des Alpes, est compris entre le 3e degré et le 8e degré de longitude orientale de Paris ; et entre le 46e, et le 48e degrés de latitude boréale.

LIMITES.

La Suisse est bornée :

A l'*ouest*, par la France ;

Au *nord*, par le grand-duché de Bade, le Wurtemberg et le Tyrol ;

Au *sud*, par le royaume Lombard-Vénitien, et par le royaume Sarde.

PENTES ET FLEUVES.

C'est de la Suisse que les plus grands fleuves de l'Europe occidentale du centre prennent leur source : ces fleuves coulent dans trois pentes principales, celles de l'océan Atlantique, de la mer Noire, et de la mer Méditerranée. (*Voy.* 1re série, pag. 104—112.)

I. PENTE DE L'OCÉAN ATLANTIQUE.

On y trouve un seul fleuve :

Le *Rhin*, formé de deux branches, le Haut et le Bas-Rhin, qui descendent des Alpes rhétiques, et passent, le *Bas-Rhin*, à *Ilanz*, et le *Haut-Rhin*, à *Tusis*, où il reçoit l'*Albula*, qui vient du mont Scaletta. Le Rhin passe ensuite à COIRE, à *Ragaz*, *Mayenfeld*, *Werdenberg*, à *Rheireck*, un peu au delà duquel il se jette dans le lac de Constance. A sa sortie de ce grand lac, le Rhin arrose *Stein*, *Diesenhofen*, SCHAFFOUSE, *Rheinau*, *Eglisau*, *Kaisersthul*, *Zurzach*, *Laufenbourg*, *Rheinfelden*, et BALE. Après cette ville, il sort de la Suisse.

Les affluents de ce grand fleuve qui appartiennent à la Suisse, sont :

La *Thur*, qui arrose *Lichtensteg*, *Wyl*, *Bischofzell*, *Wenfelden* et *Andelfingen*. Cette rivière reçoit à droite, le *Sitter*, qui passe à APPENZEL ;

La *Toss* et la *Glatt*.

L'*Aar*, grande rivière, qui prend sa source dans le Finster-Aar-Horn, haut de 2,206 toises. Elle se jette dans le lac de Brienz, en sort pour arroser *Unterseen*, et pour entrer dans le lac de Thun. A la sortie de ce lac, l'Aar passe à *Thun*, puis à BERNE, *Aarberg*, *Buren*, SOLEURE, *Wangen*, *Aarbourg*, *Olten*, AARAU, *Brugg* et *Klingnau*. L'Aar reçoit :

A droite. — L'*Emmen*, qui arrose *Burgdorf* ; — la *Surhen*, qui passe à *Sursee* ; — la *Reuss*, qui descend du mont Saint-Gothard, se jette à ALTORF, dans le lac des Quatre-Cantons, passe à LUCERNE, où elle reçoit, à gauche, le *petit Emmen*, puis à *Bremgarten* et *Mellingen;* — la *Limmat*, appelée *Linth*, avant de se jeter dans le lac de Zurich ; elle passe à *Linthal*, *Schewanden*, *Enneda*, GLARIS, *Wesen* à l'extrémité occidentale du lac de Wallenstadt, puis elle entre dans le lac de Zurich. A sa sortie, elle baigne ZURICH et *Baden ;* le lac de Wallenstadt, reçoit la *Tamina*, qui passe à *Sargens* et à *Wallenstadt ;*

A gauche, l'Aar reçoit :

Le *Weiss-Lutshinen*, qui se rend dans le lac de Brienz ; — l'*Engstlichen*, qui grossit le *Simmen*, affluent du lac de Thun ; — la *Saane*, qui passe à *Saanen*, *Gruyere*, *Corbiere*, FRIBOURG et *Laupen*, où elle reçoit la *Sense*, qui arrose *Schwarzenbourg ;* — la *Broye*, qui passe à *Rue*, *Moudon*, *Lucens*, *Payerne*, traverse le lac de Morat, pour se jeter dans celui de Neufchâtel : ce dernier lac reçoit l'*Orbe*, qui vient du Jura, traverse le lac de Joux, *se perd* quelque temps, reparaît, et passe à *Orbe* et *Yverdun ;* le lac de Neufchâtel communique par la *Thièle*, avec le lac de Bienne, où vient aussi se rendre la *Suze*, qui arrose *Courtelary* et *Bienne :* c'est près de cette dernière ville, que ces lacs et ces rivières se déchargent dans l'Aar, qui reçoit ainsi toutes les eaux de ce vaste bassin.

Le Rhin reçoit encore le *Birs*, qui arrose *Moutiers*, *Lauffen* et *Dornach*.

II. PENTE DE LA MER NOIRE.

Il n'y a en Suisse qu'un seul affluent du *Danube*, c'est l'*Inn*, qui prend sa source dans le

lac de Sils, au pied du mont Septimer · il passe
à *Zuz* et à *Schuls*.

III. PENTE DE LA MER MÉDITERRANÉE.

On peut la diviser en deux grands bassins : celui de la Méditerranée, et celui de
l'Adriatique.

BASSIN DE LA MER MÉDITERRANÉE.

Un seul grand fleuve, le *Rhône*, qui prend
sa source vers le mont Saint-Gothard, dans le
Valais, et passe à *Ærnen*, *Naters* et *Brieg*,
Viége, *Raron*, *Loueche*, *Sierre*, SION, *Sail-
lon*, *Saint-Maurice*, *Monthey*, et entre dans
le lac de Genève. Ce même lac reçoit le *Véron*,
qui arrose *la Sarra*. A sa sortie de ce grand lac,
le Rhône passe à GENÈVE, puis il quitte la
Suisse. Ses principaux affluents dans la Suisse,
sont :

A droite. — La *Louza* et la *Grande-Eau*,
qui coulent des Alpes bernoises ;

A gauche. — Le *Visp*, — la *Nenda*, la
Borgne et la *Dranse*, qui passe à *Martigny :*
ces rivières, torrents impétueux, descendent des
Alpes pennines. — Sur le territoire de Genève,
le Rhône reçoit encore, l'*Arve*, grande rivière, qui vient de la Savoie, et passe à
Carouge.

BASSIN DE LA MER ADRIATIQUE.

On y trouve :
La *Maggia*, qui passe à *Cevio*, et se jette

dans le lac Majeur, entre *Ascona*, et *Locarno* ;

Le *Tessin*, qui vient du Saint-Gothard, passe à *Faido*, *Giornico* et Bellinzona, pour se jeter aussi dans le lac Majeur : il reçoit, à gauche, la *Mœsa* ;

La *Maira*, qui arrose *Vicosoprano*, et se rend dans le lac de Côme.

Les eaux de toutes ces rivières vont grossir le *Pô*, qui se jette dans l'Adriatique.

On pourra remarquer que le *mont Saint-Gothard*, qui s'élève entre les cantons du *Valais*, d'*Uri*, des *Grisons* et du *Tessin*, forme le noyau principal d'où commencent à couler la plupart des fleuves que nous venons de nommer. Si l'on se place à son sommet, on verra du haut de ce cône immense, et dans un *rayon de cinq lieues*, les sources du *Rhône*, au sud ouest ; de l'*Aar*, au nord ouest ; de la *Reuss*, au nord ; du *Rhin*, au nord-est ; du *Tessin*, au sud-est ; de la *Toccia*, au sud : ainsi, le Rhône est opposé au Rhin, l'Aar au Tessin, la Reuss à la Toccia.

MONTAGNES.

Nulle contrée en Europe n'est aussi montagneuse que la Suisse, et cependant toutes les nombreuses et hautes chaînes qui la parcourent appartiennent à un seul système, au *système alpique*, qui s'étend comme nous l'avons déjà vu (1re série, pag. 114), sur toute l'Europe centrale.

Plaçons-nous encore sur le mont Saint-Gothard, pour être à peu près au niveau moyen de ces puissantes chaînes, et nous verrons, en partant de ce point fixe :

1° Au sud-ouest,

Lá chaîne des *Alpes lépontiennes* et *pennines*, que dominent successivement, le *Simplon*, le *Mont-Rose*, le *Combin*, le *Cervin* et le *grand Saint-Bernard*, rendu si fameux par l'étonnant passage de l'armée française, en 1800, et surtout par la piété vigilante des religieux de son hospice : cette chaîne, et l'une de ses ramifications au nord-ouest, séparent la Suisse du royaume sarde ;

2° A l'ouest,

Les *Alpes bernoises*, qui forment avec la chaîne précédente, la vaste et profonde vallée où coule le Rhône, avant de se jeter dans le lac de Genève : dans les Alpes bernoises, s'élèvent les hauts sommets du *Finster-Aar-Horn* et de la *Jungfrau;* la chaîne s'abaisse ensuite vers les *monts Diablerets*, qui se lient par le petit *mont Jorat*, avec la longue ligne secondaire du *Jura*, qui s'étend du Rhône (en France), jusqu'au confluent de l'Aar et du Rhin : le Jura sépare ainsi la Suisse de la France ;

3° A l'est,

Les *Alpes rhétiques*, où l'on remarque les pics élevés du *Bernardin*, du *Splugen* et du *mont Septimer*, vers lequel l'Inn, au nord-est, et la Maira, au sud-ouest, prennent leur source.

De ces trois chaînes principales, se dirigent au travers de tous les cantons de la Suisse, un grand nombre de chaînons secondaires, que notre cadre ne nous permet point d'indiquer : seulement, nous citerons le *mont Pilate*, entre le canton de Lucerne et d'Unterwald; et le *mont Rigi*, qui s'élève entre le lac de Zug, et celui des Quatre-Cantons.

La plupart de ces hautes montagnes renferment des *glaciers*, immenses réservoirs solides, placés là par la Providence, pour alimenter éternellement les grands fleuves qui fertilisent l'Europe centrale.

PRINCIPAUX LACS.

Les principaux lacs de la Suisse sont du sudouest au nord est :

Le *lac de Genève*, entre le canton de Genève, celui de Vaud, celui des Grisons et la Savoie : c'est le plus grand de tous ;

Le *lac de Joux* (canton de Vaud) ; — le *lac de Neufchâtel*, et celui de *Morat*, entre les trois cantons de Vaud, de Neufchâtel et de Fribourg ;

Les lacs de *Brienz*, de *Thun* et de *Bienne*, dans le canton de Berne ;

Le lac des *Quatre-Cantons*, entre les cantons d'Unterwald, de Schwitz, d'Uri et de Lucerne; — dans ce dernier canton, les lacs de *Sempach* et de *Baldegg ;*

Le *lac de Zug*, dans le canton de ce nom; — et celui d'*Hallwyler*, dans le canton d'Argovie;

Le *lac de Zurich* (canton de ce nom), il s'étend aussi dans le canton de Schwitz ;

Le *lac de Wallenstadt*, dans le canton de Saint-Gall ;

Le *lac de Constance*, le plus grand après celui de Genève : il sépare la Suisse du Tyrol, de la Bavière, du Wurtemberg et du grand-duché de Bade ;

Une partie du *lac Majeur*, et presque tout le *lac de Lugano*, dans le canton du Tessin.

De tous ces lacs les plus remarquables sont ceux de Genève, de Constance, de Neufchâtel, des Quatre-Cantons et de Zurich.

CLIMATS.

Le climat de la Suisse est généralement froid et sévère, à cause de sa position élevée au-dessus du niveau des mers, et parce qu'elle est exposée à la rigueur des vents du nord, tandis que les Alpes empêchent les vents chauds du midi d'adoucir sa température. Cependant, la disposition de ses nombreuses chaînes de montagnes, est cause qu'il y a de fréquentes variations de température, surtout dans les vallées étroites, où l'on voit souvent prospérer la vigne exposée au soleil, au pied même de sommets couverts de glaces éternelles.

PRODUCTIONS DES TROIS RÈGNES.

La chaîne des Alpes fournit de *très-beaux marbres* et quelques pierres précieuses : le canton de Vaud a des *mines de sel*. Le flanc des montagnes présente de *belles forêts*, composées principalement de sapins, de pins, de mélèzes, de chênes, de hêtres et de bouleaux. Le *cerisier* y prospère, et sert à faire du kirschenwasser ou eau-de-vie de cerises. Un peu au-dessous des forêts, on recueille de l'*orge*, du *seigle* et de l'*avoine*, et plus bas encore on cultive la *vigne*. Dans les vallées méridionales des Alpes, qui sont tournées vers l'Italie, on voit croître l'*olivier*, l'*oranger* et le *citronnier*. La Suisse possède un grand nombre d'*excellents pâturages*, qui nourrissent d'*innombrables troupeaux* de bœufs, de vaches, de moutons et de chèvres : on sait combien sont estimés les *fromages* de ce pays. Dans les Alpes, on rencontre le *lynx*, le *renard*, le *loup*, l'*ours noir* et *fauve*, et plus haut, vers la ligne des neiges perpétuelles, le *chamois* et l'agile *bouquetin*, qui bondit jusque sur les pics les plus escarpés. Parmi les oiseaux, on remarque le *coq blanc de bruyère*, et surtout le terrible *lammer-geyer*, le plus grand des oiseaux, dit-on, après le condor d'Amérique.

SUPERFICIE ET POPULATION.

La plus *grande longueur* de la Suisse, de l'ouest à l'est, est d'environ 75 lieues, et sa plus *grande largeur*, du sud au nord, de 50 lieues. Sa *superficie*, est estimée à 1,946 lieues carrées, pour une *population absolue* de 1,980,000 âmes, ce qui donne pour *chaque lieue carrée* à peu près 102 habitants.

RELIGIONS.

Les deux religions dominantes de la Suisse sont le *calvinisme* et le *catholicisme* : on pourra voir dans le tableau des divisions politiques, auquel de ces deux cultes appartient chaque canton.

GOUVERNEMENT.

Chaque canton de la Suisse forme une république particulière, et tous ensemble ils composent une *confédération* ou république fédérative, gouvernée par une *diète annuelle*, qui se tient alternativement à Zurich, à Berne et à Lucerne : cette année 1839, la diète se tient à Zurich.

INDUSTRIE ET COMMERCE.

Les principales branches de l'industrie helvétique sont les ouvrages d'horlogerie, d'orfèvrerie; les instruments de mathématiques, des toiles, des étoffes et des rubans de soie. L'agriculture y fait de jour en jour d'admirables progrès, surtout dans la culture des prairies artificielles et naturelles. Le commerce consiste principalement en bestiaux, en chevaux, cuirs, peaux et fromages, avec les divers produits de l'industrie que nous avons signalés plus haut.

DIVISIONS.

La confédération suisse se compose aujour-
d'hui de 22 *cantons* que le tableau suivant fait
connaître, en indiquant aussi leurs chefs-lieux ou
capitales, et la religion à laquelle chaque canton
appartient :

Cantons.	*Capitales.*	*Lieux remarquables.*	*Cultes.*
Geneve.	*Geneve.*	Carouge , Ferney.	Calv. et *Cath.*
Vaud.	*Lausanne*	Vevay, Yverdun, Granson.	Calviniste.
Neufchâtel.	*Neufchatel.*	La Chaux-de-Fonds.	Calviniste.
Fribourg.	*Fribourg.*	Morat , Gruyere.	Cath. et *Calv.*
Berne.	Berne.	Thun , Bienne.	Calviniste.
Bale.	*Bale.*	Liestall.	Calviniste.
Soleure.	*Soleure.*	Ballstall , Olten.	Calv. et *Cath.*
Argovie.	*Aarau*	Baden.	Calv. et *Cath.*
Lucerne	Lucerne.	Sempach.	Catholique.
Zug.	*Zug.*	. . . . . .	Catholique.
Schwitz.	*Schwitz.*	Art , Gersau.	Catholique.
Unterwald	*Stanz.*	Sarnen.	Catholique.
Uri.	*Altorf.*	. . . . .	Catholique.
Valais.	*Sion.*	St.-Maurice , Martigny.	Calviniste.
Tessin.	*Bellinzona.*	Lugano.	Catholique.
Grisons.	*Coire.*	Tusis , Ilanz.	Calv. et *Cath.*
Glaris.	*Glaris.*	Schwanden , Linthal.	Calv. et *Cath.*
Saint-Gall.	*Saint-Gall.*	Wallenstadt , Sargaus.	Cath. et *Calv.*
Appenzell.	*Appenzell.*	Herisau.	Calv. et *Cath.*
Thurgovie.	*Frauenfeld*	Weinfelden.	Calv. et *Cath.*
Schaffouse.	*Schaffouse.*	Stein	Calviniste.
Zurich.	Zurich.	Winterthur	Calviniste.

TOPOGRAPHIE.

Canton de Genève.

C'est un des plus petits de la confédération ,
il est situé à l'extrémité occidentale du lac de ce
nom, entre le canton de Vaud , la France et la
Savoie. On y trouve :

Genève , avec une population qui dépasse 26,000 âmes : c'est la ville la plus peuplée de toute la Suisse, et elle se distingue autant par la culture des sciences et des lettres que par son active industrie, surtout dans l'horlogerie et la bijouterie. Cette ville, qui s'est beaucoup embellie depuis peu, est bâtie sur le Rhône, à l'endroit même où ce fleuve sort du beau lac Léman ou de Genève;—*Carouge*, sur l'Arne, à peu de distance de Genève, est une petite ville qui s'agrandit chaque jour.

Canton de Vaud.

Il s'étend au nord et à l'est du lac de Genève, jusqu'au Rhône, et touche au canton de Genève, à la France, aux cantons de Neufchâtel, de Fribourg, de Berne et du Valais. Son chef-lieu est :

Lausanne, près du lac de Genève, jolie ville de 12,000 habitants ; on y remarque la cathédrale : ses environs sont renommés par leurs beautés romantiques. — On trouve encore dans ce canton : *Payerne*, *Copet*, *Nyon*, *Morges*, *Vevey*, dans une position vraiment admirable et avec 4,000 habitants. *Moudon*, *Yverdun* (l'ancienne *Ebrodunum*), rendue célèbre par l'institut de Pestalozzi ; et *Granson*, où les Suisses remportèrent une si grande victoire sur le duc de Bourgogne, Charles - le - Téméraire (1476).

Canton de Neufchâtel.

Ce canton forme une monarchie constitutionnelle dont le chef est le roi de Prusse ; il est situé entre la France et les cantons de Berne, de Fribourg et de Vaud. On y remarque :

Neufchâtel, petite ville très-industrieuse de 5,000 habitants ; — *Vallengin*, et *la Chaux-de-Fonds*, village considérable qui fabrique une grande quantité de *dentelles*, de bijouterie, d'horlogerie et d'instruments de mathématiques : c'est la patrie de Pierre et de son fils Henri Droz, célèbres mécaniciens.

Canton de Fribourg.

Il est compris entre les cantons de Vaud, de Neufchâtel et de Berne ; son chef-lieu est :

Fribourg, sur la Saane, avec 7,000 âmes : on cite sa cathédrale dont le clocher est le plus élevé de la Suisse ; et d'autres édifices remarquables ; — on trouve encore dans ce canton, *Gruyère* dont les fromages sont renommés ; et *Morat*, célèbre par la nouvelle défaite de Charles-le-Téméraire, peu de temps après avoir été battu à Granson.

Canton de Berne.

C'est un des plus grands de la Suisse et le premier pour sa population, qui s'élève à 350,000 âmes. Il est borné à l'ouest, par les cantons de Vaud, de Fribourg et de Neufchâtel ; au nord-ouest et au nord, par la France ; à l'est, par les cantons de Bâle, de Soleure, d'Argovie, de Lucerne, d'Unterwald et d'Uri ; au sud, par le Va-

lais : il touche ainsi à dix cantons différents. On
y trouve :

BERNE, chef-lieu du canton et l'une des trois
capitales de la Suisse ; elle est située sur l'Aar,
et l'on y remarque de beaux édifices et plusieurs
sociétés et établissements scientifiques et littéraires : sa population s'élève presque à 21,000
habitants ; *Thun*, à l'extrémité occidentale du
lac de ce nom : on y compte 2,000 âmes ; —
Brienz, Saanen, Bienne, avec 2,300 habitants ;
Moutiers et *Porentruy*, etc.

Canton de Bâle.

Il est entre la France, le grand-duché de Bade,
et les cantons d'Argovie, de Soleure et de Berne.
Son chef-lieu est :

Bale, l'une des plus grandes villes de la
Suisse, mais qui compte à peine 16,000 âmes.
Elle est avantageusement située sur la rive gauche du Rhin, et fait un commerce considérable,
surtout en rubans de soie : elle possède un
grand nombre d'établissements publics, et de
sociétés savantes et littéraires ; — on trouve encore dans ce canton *Liestall*, chef-lieu de
Bâle-Campagne, et *Arlesheim*, avec des *bains*
fréquentés ;

Canton de Soleure.

Il est très-irrégulièrement compris entre
les cantons de Berne, de Bâle et d'Argovie ; on
y trouve :

Soleure, sur la rive gauche de l'Aar : c'est

une jolie petite ville ; — puis *Ballstall* et *Olten*, bourgs industrieux.

Canton d'Argovie.

Il touche au grand-duché de Bade, et aux
cantons de Bâle, de Soleure, de Berne, de Lucerne, de Zug, de Zurich et de Schaffouse ; il
a pour chef-lieu :

Aarau, sur la rive droite de l'Aar, avec environ 4,000 âmes : elle a une bonne fonderie
de canons, et se distingue dans la culture des
sciences et des lettres ; — on trouve ensuite
Brugg ; Baden, que ses *bains* connus des
Romains ont rendu célèbre ; *Zurzach* et *Rheinfelden ;* etc.

Canton de Lucerne.

Les cantons de Berne, d'Argovie, de Zug
et d'Unterwald l'entourent, et il a pour chef-
lieu :

Lucerne, l'une des trois capitales de la confédération helvétique. C'est une ville d'environ
6,000 habitants, située à l'extrémité du lac des
Quatre-Cantons : on y remarque sa cathédrale,
dont l'orgue est admirable, son hôtel-de-ville,
et l'on cite la superbe et vaste carte en relief
d'une partie de la Suisse, par le général Pfyffer.
Cette ville possède aussi un grand nombre d'é-
tablissements consacrés aux sciences et aux lettres ; — on trouve encore *Sempach,* illustré dans
le 14e siècle, par l'éclatante victoire qu'y remportèrent les Suisses sur les Allemands ;

Canton de Zug.

C'est le plus petit de toute la confédération : il est compris entre ceux de Lucerne, d'Argovie, de Zurich, de Schwitz et d'Unterwald. On y trouve .

Zug, sur le lac de ce nom, avec environ 3,000 âmes : c'est à l'autre extrémité de ce même lac que s'élève le fameux mont Rigi : de son sommet l'on jouit d'un des plus beaux panoramas de la Suisse.

Canton de Schwitz.

C'est ce canton qui a donné son nom à la Suisse au commencement du xive siècle. Il touche aux cantons de Zug, de Zurich, de Saint-Gall, d'Uri et d'Unterwald. On y trouve :

Schwitz, petite ville de 5,000 âmes ; — puis au pied du mont Rigi, *Gersau*, sur le lac des Quatre-Cantons : c'était autrefois une petite république ; — *Art*, sur le lac de Zug ; et *Kussnach*, sur le lac des Quatre-Cantons : c'est là que le bailli Gessler fut tué par le fameux Guillaume-Tell.

Canton d'Unterwald.

Il est entre ceux de Berne, de Lucerne, de Zug, de Schwitz et d'Uri ; son chef-lieu est :

Stanz, très-petite ville, de 2,000 habitants ; — *Sarnen*, avec une égale population ;

Canton d'Uri.

Il touche aux cantons de Berne, d'Unterwald, de Schwitz, de Glaris, des Grisons,
du Tessin et du Valais. On y trouve :

Altorf, chef-lieu, petite ville de 1,500 habitants, sur la Reuss, à l'extrémité méridionale du
lac des Quatre-Cantons. C'est à 8 lieues, au
sud de cette ville, que s'élève le mont Saint-
Gothard.

Il est bon de rappeler ici que les trois derniers cantons que nous venons de parcourir, ont
l'honneur d'avoir les premiers fondé la liberté
suisse vers l'an 1308 ; et les Suisses gardent le
souvenir de leurs trois premiers libérateurs,
Walter-Furst, d'Uri, *Werner*, du canton de
Schwitz, et *Arnold de Winkelried*, du canton
d'Unterwald.

Canton du Valais.

Ce canton, l'un des plus étendus de la Suisse,
occupe toute la profonde vallée du Rhône supérieur Il est situé entre les cantons de Vaud,
de Berne, d'Uri, du Tessin, et le royaume
sarde, qui l'entoure à l'est, au sud et à l'ouest.
C'est dans ce canton qu'on trouve en plus grand
nombre des *crétins*, espèce d'hommes absolu-
ment imbécilles, qui ont des goîtres pendant sur
leur poitrine. Le chef-lieu est :

Sion, très-petite ville de 2,500 habitants, sur
le Rhône, et dans une position charmante ; —
les autres lieux les plus remarquables sont *Martigny* et *Saint-Maurice* · le premier est sur la

Dranse , dont les débordements lui sont si funestes, et le second est situé sur le Rhône.

Au sud-est de Sion, à la distance d'environ 7 à 11 lieues, s'élèvent successivement le mont Combin , le mont Cervin et le *mont Rosa*, qui atteint 2,371 toises au-dessus du niveau de l'Océan ; *c'est le plus haut sommet de toute la Suisse* et du Piémont : il est le nœud qui joint les Alpes lépontiennes aux Alpes pennines Dans cette dernière chaîne, nous avons déjà cité le *grand Saint-Bernard ;* au nord, dans les Alpes lépontiennes, il faut remarquer aussi le *Simplon*, que traverse la magnifique et gigantesque route qu'a fait tracer l'empereur Napoléon.

Canton du Tessin.

Ce canton est entièrement situé sur le revers méridional des Alpes, et appartient ainsi géographiquement à l'Italie. Il est entouré par les cantons du Valais, d'Uri, des Grisons, par le royaume Lombard-Vénitien et le Piémont. On y trouve :

Bellinzona, sur le Tessin , dans une riante vallée : elle compte environ 1,300 habitants qui se distinguent par leur commerce et leur industrie; — puis, *Locarno* et *Lugano,* qui fait un grand commerce de librairie et dont la population s'élève à 4,000 habitants, etc.

Canton des Grisons.

C'est le plus grand de la Suisse , et il occupe presque entièrement les bassins supérieurs du

Rhin et de l'Inn, s'étendant aussi dans quelques vallées au sud des Alpes. On y remarque :

Coire, avec 5,000 âmes, dans une position pittoresque sur le Rhin : c'est là que passe la grande route qui mène d'Allemagne en Italie par le mont Splugen ; — *Thusis* et *Ilanz*, etc.

Canton de Glaris.

Il est compris entre ceux des Grisons, d'Uri, de Schwitz et de Saint-Gall ; il a pour chef-lieu :

Glaris, sur le Linth, très-petite ville de 4,000 habitants ; — on trouve ensuite *Linthal*, avec de beaux bains ; *Schwanden* et *Enneda* ;

Canton de Saint-Gall.

Ce canton est entouré par ceux des Grisons, de Glaris, de Schwitz, de Zurich et de Turgovie, par le lac de Constance et le Tyrol, dont le Rhin le sépare. Il renferme aussi comme enclave le canton d'Appenzell. On y trouve :

Saint-Gall, chef-lieu, avec une population de 10,000 âmes · il s'y fait un commerce considérable de belles toiles et de fines mousselines ; — *Rorschach*, avec un petit port sur le lac de Constance ; — *Sargans*, avec des mines de fer et des bains sulfureux ; — *Wallenstadt*, charmante petite ville à l'extrémité orientale du lac de ce nom, le plus pittoresque peut-être de toute la Suisse.

Canton d'Appenzell.

Nous venons de faire remarquer qu'il était enclavé dans le territoire de Saint-Gall ; il a pour chef-lieu :

Appenzell, sur la Sitter · on lui accorde une population de 5,000 habitants ; — On trouve ensuite *Trogen*, petite ville de 2,400 âmes ;—et *Herisau*, gros bourg qui se distingue par son active industrie et fournit une grande quantité de mousselines et de toiles fines : on y compte plus de 7,000 habitants.

Canton de Thurgovie.

Il est compris entre les cantons de Saint-Gall, de Zurich, de Schaffouse et le lac de Constance. On y trouve :

Frauenfeld, chef-lieu, avec une faible population d'environ 1,800 habitants ;

Weinfelden, sur la Thur ; — et *Stekborn*, sur le lac de Constance.

Canton de Schaffouse.

C'est le plus septentrional de la confédération : il est entouré par les cantons de Thurgovie, de Zurich et d'Argovie, et par le grand-duché de Bade. On y trouve :

Schaffouse, sur la rive droite du Rhin , avec une population d'à peu près 7,000 âmes : elle possède plusieurs établissements scientifiques et

. littéraires; c'est près de cette ville qu'on va ad-
mirer la belle cascade du Rhin à *Lauffen;* —
Stein, sur le Rhin, petite ville très-commerçante.

Canton de Zurich.

Il est compris entre ceux de Schaffouse, d'Argovie, de Zug, de Schwitz, de Saint-Gall et de
Thurgovie. Il a pour chef-lieu :
Zurich, qui partage avec Berne et Lucerne,
l'honneur d'être alternativement le siége de la
diète ou assemblée générale de la Suisse. Cette
ville, qui est située sur la Linmat, à l'extrémité
du lac de Zurich, compte environ 11,000 habitants. Elle se distingue au premier rang des villes
de la Suisse par son industrie, son commerce et
ses nombreux établissements consacrés aux sciences et aux lettres. On y voit une carte en relief
de *toute la Suisse,* levée par Muller. — On
trouve encore dans ce canton *Winterthur* et
beaucoup d'autres petites villes.
Remarquons que les plus grandes villes de la
Suisse sont : Genève, Berne, Bâle, Lausanne et
Zurich.

ÉTATS SARDES.

SITUATION.

Le royaume Sarde se compose de *deux parties inégales :* une partie continentale qui est la plus étendue, et la grande île de Sardaigne située au sud de la Corse.

La partie continentale, située au sud et au nord des Alpes, est comprise en entier entre le 3ᵉ et le 8ᵉ degrés de longitude orientale ; et entre le 43ᵉ degré 30′, et le 46ᵉ 30′ de latitude septentrionale. Elle occupe ainsi tous les pays compris entre les Alpes, le Tessin, et les Apennins ; le comté de Nice et le duché de Gênes, au sud de ces dernières montagnes, et le duché de Savoie, au delà des Alpes grecques, jusqu'au lac de Genève et au Rhône.

LIMITES.

Ce royaume est borné :

A *l'ouest*, par la France ;

Au *nord*, par la Suisse ;

A *l'est*, par le royaume Lombard-Vénitien et le duché de Parme ;

Au *sud*, par la mer Méditerranée qui y forme le vaste *golfe de Gênes ;* et plus à l'est, *celui de la Spezzia* qui est très-petit.

PENTES ET FLEUVES.

A l'exception des *petits fleuves côtiers* qui arrosent les pays de Nice et de Gênes, tous les cours d'eau de ce royaume appartiennent à deux fleuves principaux : au *Rhone*, pour le duché de Savoie ; et au *Pó*, pour le Piémont.

1° *Bassin du Rhône.*

Il est situé au nord-ouest du royaume et à l'ouest des Alpes, et embrasse tout le duché de Savoie. Les principales rivières qui y coulent sont :

La *Dranse*, qui se jette dans le lac de Genève, entre *Evian* et *Thonon*.

L'*Arve*, rivière considérable, qui prend sa source non loin du Mont-Blanc, passe à *Sallenche* dans la célèbre *vallée de Chamouny*, à *Cluse*, à *Bonneville*, et se joint au Rhône à Carouge, sur le territoire de Genève ;

Le *Fier*, qui passe à *Thone*, reçoit à gauche les eaux du lac d'Annecy, puis celles de la rivière *Chéron* qui arrose *Albi* et *Rumilli*, et se jette dans le Rhône ;

L'*Isère*, grande rivière qui descend du mont Iseran et passe à *Saint-Maurice*, à *Moutiers*, *Conflans*, *Saint-Pierre d'Albigny* et *Montmeillan ;* un peu au sud de cette ville, l'Isère entre en France. — Elle reçoit à droite, l'*Arli*, qui arrose *Megève*, *Flumet*, *Ugine* et l'*Hopital*, en face de Conflans ; à gauche, l'*Arc*, qui passe à *Lanslebourg* et à *Saint-Jean-de Maurienne.*

2ᵒ *Bassin du Pô.*

Ce bassin embrasse toutes les nombreuses et riches vallées du cours supérieur du Pô. On y trouve :

Le *Pô*, qui prend sa source dans les Alpes maritimes, au mont Viso, coule vers l'est, et passe à *Carmagnole*, *Carignano*, *Montcalieri*, TURIN, *Chivas*, *Verrue* et *Crescentino*, *Trino*, *Cazal* et *Valence*, puis il entre dans la Lombardie qu'il sépare du duché de Parme.

Ce grand fleuve reçoit à gauche :

Le *Cluson*, qui passe à *Fenestrelles* et à *Pignerolle ;*

La *Doire*, qui vient du mont Genève, passe à *Suze* et va se réunir au Pô, près de Turin ;

La *Stura*, l'*Orco*, qui descendent du mont Iseran ;

La *Doire Baltée*, qui a sa source dans le Mont-Blanc, passe à *Courmayeur*, AOSTE, *Bard*, *Ivrée*, et se jette dans le Pô, un peu à l'ouest de *Crescentino ;* cette grande rivière est grossie par le *Bullier* et l'*Eyles ;*

La *Sesia*, qui vient du mont Rosa et passe à *Gatinara* et à *Verceil.*

L'*Agogna* ou *Gogna*, qui prend sa source entre le lac d'Orta et le lac Majeur, et passe près de NOVARE ;

Le *Tessin* sépare le royaume Sarde de la Lombardie : il reçoit à droite la *Toccia*, qui passe à

Domo d'Ossola, Vogogna, Ornovasco, se grossit des eaux du lac d'Orta et tombe dans le lac Majeur ; la Toccia reçoit à droite la *Lanza*.

Les rivières que le Pô reçoit à droite sont :

La *Maira*, qui passe à *Dronero, Busca, Savigliano* et *Raconigi*.

Le *Tanaro*, qui vient du col de Tende, au point où finissent les Alpes maritimes et où commencent les Apennins , il passe à *Ceva* , *Cherasco* , *Alba Pompea* , près d'*Asti* , et par ALEXANDRIE. Cette rivière considérable reçoit à gauche , le *Pezio* , la *Stura* qui arrose *Demonte, Borgo Santo Dalmazo,* CONI, *Fossano* et *Cherasco*, où elle se joint au Tanaro ; le *Belbo* , qui passe à *Asti*. A droite, le Tanaro reçoit la *Bormida*, qui passe à *Acqui* , et se joint au Tanaro, près d'Alexandrie ; la Bormida est elle-même grossie par la *Bormida orientale*, et par l'*Orba* qui descendent aussi des Apennins ;

La *Scrivia*, qui passe à *Tortone* ; — la *Staffora*, qui arrose *Voghera* ; — et la *Trebbia*, qui passe à *Bobbio*.

3° *Fleuves qui coulent au sud dans le golfe de Génes.*

Les principaux sont, en allant de l'ouest à l'est :

Le *Var*, grossi du *Tane* ; il passe à *Pujet-de-Theniers* , et sépare la France du comté de Nice,

16.

La *Roja* ou *Roya*, qui arrose *Ventimiglia*, à son embouchure ;

L'*Aroscia*, qui passe à *Albenga*, aussi à son embouchure ;

La *Lavagna*, qui coule dans la mer, non loin de *Chiavari* ;

La *Magra*, dont le cours inférieur seulement appartient au royaume Sarde ; elle passe à *Sarzane*, et reçoit la *Vara*, qui arrose *Brugnato*.

On a pu remarquer que tous les fleuves des états Sardes, appartiennent ainsi à une même pente du versant sud-est de l'Europe, à la *pente de la mer Méditerranée* (*voy*. 1re série, pag 109 et suiv.).

MONTAGNES.

Deux principales chaînes de montagnes, les Alpes, et les Apennins qui sont une de leurs nombreuses ramifications, parcourent le royaume Sarde.

Les *Alpes lépontiennes* et *pennines*, séparent la Suisse du Piémont et du comté d'Aoste, depuis le *Saint-Gothard*, jusqu'au *grand Saint-Bernard* ;

Les *Alpes grecques*, font la séparation de la Savoie et du Piémont, depuis le grand Saint-Bernard jusqu'au *mont Thabor*, et l'on y trouve, en allant du nord au sud, le *Géant*; le *Mont-Blanc*, la plus haute montagne de l'Europe, et qui atteint 2,460 toises d'élévation au-dessus du niveau des mers ; le *petit Saint-Bernard*, le *Mont-Iseran*, le *mont Cenis* et le *mont Thabor;*

A partir de cette dernière montagne, les *Alpes cottiennes*, où s'élève le *mont Genèvre;* et les *Alpes maritimes*, qui commencent au *mont Viso*, séparent la France des états Sardes, jusqu'à la source de la Tane, affluent du Var. De ce dernier point, les Alpes maritimes se dirigent à l'est, séparant le Piémont du comté de Nice, et se terminent au *col de Tende.*

C'est de là que la chaîne des Apennins commence à parcourir l'Italie, en bordant circulairement le golfe de Gênes, comme un immense rempart contre les vents du nord, ou comme les murs élevés d'un vaste amphithéâtre, où mûrissent parfaitement les fruits de l'olivier et de l'oranger.

Avant de terminer cet article, nous signalerons comme des chaînes secondaires des Alpes, les montagnes qui traversent la Savoie, et dans lesquelles on peut remarquer le *mont Buet;* et surtout le *Mole*, magnifique cône, presque entièrement couvert de verdure en été et de neige en hiver : on le découvre très-bien de Genève, dont il n'est éloigné à l'est, que d'environ 5 ou 6 lieues.

LACS.

Les principaux lacs du royaume sarde, sont:
En Savoie, le *lac d'Annecy* et *celui du*

Bourget, à peu près d'égale étendue ; — on sait d'ailleurs, que presque toute la rive méridionale du *beau lac de Genève* appartient à la Savoie ;

Dans le Piémont, ·le *lac d'Orta*, non loin de la rive occidentale du grand *lac Majeur*, qui appartient aussi presque toute au royaume Sarde.

Pour ce qui regarde le climat et les productions des trois règnes, la religion, le commerce, l'industrie et le gouvernement, nous renvoyons à la description de l'Italie.

SUPERFICIE ET POPULATION.

On estime à environ 3,645 lieues carrées, la *superficie totale* du royaume Sarde, en y comprenant la Sardaigne. La population s'élève à 4,300,000 âmes, ce qui donne presque pour chaque lieue carrée, 1,180 habitants.

DIVISIONS ET TOPOGRAPHIE.

Le tableau suivant fait connaître les principales divisions géographiques et administratives de ce royaume. On verra qu'il est maintenant divisé en 9 *intendances générales et* 1 *vice-intendance générale*. Nous avons eu soin d'y indiquer les capitales des anciennes provinces et les chefs-lieux des intendances, avec les villes les plus remarquables de chacune d'elles.

Provinces.	Capitales.	Intendances generales.	Chefs-lieux.	Villes remarq.
DUCHÉ DE SAVOIE.	CHAMBÉRY. . . .	Savoie.	Chambery. .	Annecy, Thonon, Aix, St.-Jean de Maurienne.
PIEMONT.	TURIN.	Turin.	Turin. . . .	Pignerole, Ivree, Bielle et Suze.
		Coni	Coni. . . .	Mondovi, Saluces, Bra et Alba.
		Alexandrie . . .	Alexandrie..	Asti, Cazal, Voghera, Tortone, Acqui, Marengo.
		Novare	Novare. . . .	Verceil, Mortara, Domo d Ossola
		Aoste.	Aoste. . . .	
COMTE DE NICE.	NICE.	Nice.	Nice. . . .	San Remo, Oneglia
DUCHÉ (ancienne république) DE GÊNES.	GÊNES	Gênes.	Génes. . . .	Savone, Chiavari, Novi, Spezzia.
LA SARDAIGNE.	CAGLIARI.	Cagliari. . . . . . / Sassari. . . . . . . / (Vice-intendance).	Cagliari .. / Sassari....	Iglesias, Orisiano. / Alghero, Ozieri, Tempio.

1o *Duché de Savoie.*

Cette province, le premier noyau du royaume
Sarde actuel, est située au nord-ouest, entre
le lac de Genève, le Rhône et les Alpes.
On y trouve, comme le tableau précédent l'indique :

Chambéry, sur l'Albano, à deux lieues au sud
du lac du Bourget, et dans une position délicieuse : on y compte 11,000 habitants ; —
Annecy, sur le lac de ce nom, avec environ
6,000 âmes, une belle verrerie et de grandes manufactures de coton ; — *Thonon*, sur le lac de
Genève ; — *Aix*, avec des bains chauds renommés et déjà connus des Romains ; — et *Saint-
Jean-de-Maurienne*, sur la rivière d'Arc.

2o *Piémont.*

Le Piémont est la partie la plus considérable
des états Sardes : au nord et à l'ouest il est borné
par les Alpes ; au sud, par les Apennins ; à l'est,
par la Magra, le Tessin et le lac Majeur. Les
villes principales qu'on y trouve sont :

TURIN, au confluent du Pô et de la Doire,
chef-lieu de l'intendance générale de ce nom, et
capitale du royaume Sarde. C'est une des villes
les mieux bâties de l'Europe, et elle se distingue
surtout par son université, son académie royale
des sciences et une foule d'autres institutions
scientifiques et littéraires : elle possède le plus

riche musée égyptien de l'Europe. On y compte environ 115,000 habitants ;

Coni, sur la rive droite de la Stura, affluent du Tanaro, avec 18,000 âmes : c'était autrefois une des plus fortes villes d'Italie ;

Alexandrie, dont les belles fortifications n'existent plus. Elle est sur la rive droite du Tanaro, et compte environ 35.000 habitants. — C'est a une courte distance d'Alexandrie que se trouve *Marengo*, immortalisé par la victoire décisive que Napoléon y remporta en 1800 ; — *Asti*, ville autrefois très-importante par son industrie et son commerce; c'est la patrie d'Alfieri. Sa population s'élève à 22,000 âmes.

Novare, chef-lieu de l'intendance de ce nom : 15,000 habitants ; — *Verceil*, avec une population égale à celle de Novare ; — *Arona*, très-petite ville sur le lac Majeur : on y voit la statue colossale de saint Charles Borromée; la route du Simplon y passe, ainsi qu'à *Domo d'Ossola*, où l'on compte à peine 1,000 habitants ;

Aoste, au confluent de la Doire Baltée et du Bullier, au pied du grand Saint-Bernard : elle compte 6,000 habitants et l'on y voit quelques ruines romaines.

3º *Comté de Nice.*

Il est situé au sud-ouest du Piémont dont les Apennins le séparent. On y remarque :

Nice, sur le bord de la mer, à l'embouchure du Peglion : cette ville est dans une situation délicieuse, et la douceur de son climat y attire chaque hiver un grand nombre d'étrangers : 26,000 âmes;—plus loin on trouve *Ventimiglia*, ville forte, à l'embouchure de la Roja ; — et *San Remo*, port industrieux où l'on compte environ 11,000 âmes.

4° *Duché de Gênes.*

Il s'étend circulairement autour du golfe de Gênes, en deçà et au delà des Apennins. Ses principales villes sont :

Gênes, bâtie en amphithéâtre, dans une position magnifique sur le bord de la mer. La beauté et le grand nombre de ses édifices, ses églises , ses admirables palais l'ont fait surnommer la *superbe*. Cette ville, qui fut longtemps la rivale de Venise, fait un commerce considérable et compte environ 80,000 habitants : c'est la seconde ville du royaume ; — on peut remarquer encore dans l'intendance générale de Gênes : — *Savone* et *Chiavari*, villes industrieuses et commerçantes, sur le golfe de Gênes; plus loin *Spezzia*, au fond du golfe de ce nom , qui y forme un des plus beaux ports de l'Europe, on y compte 8,000 habitants ; — *Novi*, au delà des Apennins.

5° *Ile de Sardaigne.*

C'est la plus grande des îles de la mer Méditerranée, après la Sicile. Elle est située au sud de la Corse, dont le *détroit de Bonifacio* la sépare ;

elle a à peu près 60 lieues de longueur sur 30 de largeur Elle est parcourue du nord au sud par une chaîne de montagnes dont le plus haut sommet ne dépasse pas 930 toises : les chaînons secondaires qui s'en détachent sont bien au-dessous de cette élévation. Les principaux fleuves qui coulent de ces montagnes dans la mer sont, en commençant au nord : la *Liscia*, qui passe à *Tempio*; la *Flumendosa*, le *Mannu*, qui se jette dans le *golfe de Cagliari*; le *Thyrso*, qui passe à *Buzachi* et à *Oristano*, où il se jette dans le *golfe* de ce nom ; le *Turitano*, qui passe près de SASSARI et se rend dans le *golfe de Port Torres*; enfin le *Coquinas*, qui passe a *Ozieri*. Nous pouvons encore faire remarquer le *golfe d'Alghero*, au nord de celui d'Oristano , puis les caps *Teulada*, *Spartivento*, *Carbonara*, au sud de l'île , et le *cap Figari*, au nord-est. On peut encore citer les îles d'*Asinara* au nord-ouest, de *San-Pietro* et de *San-Antioco*, au sud-ouest.

La Sardaigne jouit d'un climat temperé ; son sol est fertile, et elle possède des mines de plomb et de sel , fait d'abondantes pêches de thon et de corail. On y trouve :

Cagliari, avec 27,000 âmes, au fond du golfe de ce nom : c'est une ville fort ancienne (*Caralis*), et qui fait un commerce assez considérable ; c'est la capitale de la Sardaigne.

Sassari, chef-lieu de la vice-intendance générale de ce nom , est une ville industrieuse et commerçante, qui compte 19,000 habitants.

Les autres villes de la Sardaigne sont trop peu considérables pour les indiquer ici. Nous rappellerons seulement que cette île renferme un grand nombre de curieux monuments pélasgiques appelés *nuraghes* , qui paraissent remonter au 15e siècle avant l'ère chrétienne.

N'oublions pas que les principales villes du royaume Sarde sont Turin , Gênes, Alexandrie, Cagliari et Nice.

ESPAGNE.

SITUATION.

L'Espagne, qui occupe la plus grande portion de la péninsule Hispanique, dans l'Europe occidentale du sud, est comprise du sud au nord entre le 36e et le 44e degré de latitude boréale;— et de l'est à l'ouest, elle s'étend entre le 1er degré et le 12e degré de longitude occidentale de Paris.

LIMITES.

Ce royaume est borné :

Au *nord-est*, par les Pyrénées, qui le séparent de la France ;

Au *nord*, par le golfe de Gascogne, appelé aussi mer de Biscaye sur les côtes de l'Espagne ;

A l'*ouest*, par l'océan Atlantique et le Portugal ;

Au *sud-ouest* et au *sud*, par l'océan Atlantique et le détroit de Gibraltar ;

Au *sud-est* et à l'*est*, par la mer Méditerranée.

GOLFES, DÉTROITS.

Outre le *golfe de Gascogne*, qui est commun à la France et à l'Espagne, on trouve sur les côtes de ce dernier pays une multitude de golfes et de baies trop peu considérables pour être ci-

tés dans ce précis, à l'exception du *golfe de Valence,* dans la Méditerranée , à l'ouest du grand
canal des Baléares; et du *golfe de Roses,* à l'extrémité nord-est de l'Espagne. — On sait que le
détroit de Gibraltar sépare l'Espagne de l'A-
frique.

PRESQU'ILES ET CAPS.

Les côtes d'Espagne n'offrent pas de presqu'îles
remarquables, mais on y trouve un grand nombre de caps, savoir :

Au *nord,* — le *cap Machichaco ,* sur les côtes de la Biscaye; — le *cap de Penas,* dans les
Asturies ; — et le *cap Ortegal,* dans la Galice;

A l'*ouest,* le *cap Finisterre ,* aussi dans la
Galice;

Au *sud* et au *sud-est,* — le fameux *cap Trafalgar,* à l'ouest du détroit de Gibraltar ; — le
cap de Gata, dans la Méditerranée, et, comme le
précédent , sur les côtes de l'Andalousie ; — le
cap Palos , dans la Murcie; — le *cap Saint-
Martin ,* dans le royaume de Valence , — le *cap
Saint-Sébastien ,* et le *cap de Creux ,* au nord-
est, vers le golfe de Roses, dans la Catalogne.

De tous ces caps, les plus remarquables par leur
position géographique sont : — le cap Finisterre,
le cap Trafalgar, le cap de Gata, le cap Saint-
Martin et le cap de Creux.

ILES.

Les principales sont : dans la Méditerranée,
les ÎLES BALÉARES , où l'on remarque , en allant

du sud-ouest au nord-est, *Formentera*, peu considérable; — *Ivice* ou *Iviça*, avec une capitale de même nom; — *Majorque*, la plus grande de toutes : sa capitale est *Palma*, belle ville de 34,000 habitants, située au fond d'une baie superbe qu'on nomme *golfe de Palma*; au nord de l'île se trouve le *cap Formentor*; — *Minorque*, la deuxième en grandeur : sa capitale est *Mahon*, qui offre un des ports les plus beaux et les plus sûrs de l'Europe. C'est une relâche pour les bâtiments à vapeur qui font le voyage de Toulon à Alger, etc. — Au sud de Majorque on voit la petite *île de Cabrera*; — en se rapprochant des côtes, on trouve encore quelques îles très-petites, comme *les Columbrètes* et *l'île de Buda*, etc.

DIVISIONS.

Sous le rapport financier et administratif, l'Espagne est divisée actuellement en 49 provinces ou départements qui prennent presque tous le nom de leurs chefs-lieux; sous le rapport militaire, elle est divisée en 12 capitaineries générales.

Le tableau suivant présente sous un même coup d'œil les divisions modernes adoptées par les cortès en 1833, en rapport avec les divisions anciennes, encore plus communément usitées.

DIVISIONS COMPARATIVES.

Anciennes divisions.	Capitales.	Capitaineries generales.	Provinces actuelles.
COURONNE DE CASTILLE.			
Le royaume de Galice. . .	Santiago. . . .	De Galice.	La Corogne. / Lugo. / Orense. / Pontevedra.
La principauté des Asturies. / Le royaume de Leon. . . . / La Vieille Castille.	Oviedo. . . . . / Leon. . . . . . . / Burgos.	De la Vieille-Castille.	Oviedo. / Leon. / Zamora. / Salamanque. / Burgos. / Logrono. / Santander. / Palencia. / Valladolid. / Avila. / Segovie. / Soria.
PAYS BASQUES.			
Biscaye. . . . . / Alava. . . . . / Guipuscoa.	Bilbao. . . . / Vitoria. . . . . . / Saint-Sebastien..	De Guipuscoa . .	Biscaye — Bilbao. / Alava. — Vitoria. / Guipuscoa.—S.-Sebast·
COURONNE D'ARAGON.			
Le royaume de Navarre .	Pampelune. . . .	De Navarre. . . .	Navarre. —Pampelune.
Le royaume d'Aragon. . .	Saragosse . . .	D'Aragon.	Saragosse. / Huesca. / Teruel.

	Anciennes divisions.	Capitales.	Capitaineries générales.	Provinces
COURONNE D'ARAGON.	La Catalogne.	Barcelone. . . .	De la Catalogne.	Barcelone. Tarragone. Lerida. Girone.
	Le royaume de Valence. .	Valence.	De Valence . .	Castellon de la Plana. Valence. Alicante. Murcie. Albacete.
	Le royaume de Murcie. . .	Murcie.		
COURONNE DE CASTILLE.	La Nouvelle-Castille. . . .	Madrid	De la Nouvelle-Castille.	Madrid. Guadalaxara. Toledo Cuenca. Ciudad-Real.
	L'Estramadure.	Badajoz.	De l'Estramadure.	Badajoz. Caceres.
	L'Andalousie.	Grenade. . . . Cordoue. . . . . Seville. . . . . . Cadix	De l'Andalousie. .	Huelva. Cadix. Seville. Cordoue. Jaen.
			De Grenade.	Grenade. Almeria. Malaga.
COURONNE D'ARAGON.	Iles Baleares . . .	Palma.	De Majorque. . .	Palma.

Les îles *Canaries*, qui se trouvent dans l'océan Atlantique, et dépendent géographiquement de l'Afrique (*voy*. pag. 192, 1ʳᵉ série), forment la 49ᵉ province de la division actuelle de l'Espagne.

VERSANTS, PENTES ET FLEUVES.

Comme la plupart des grands fleuves d'Espagne traversent aussi le Portugal, nous allons en donner ici une description générale qu'il faudra consulter lorsqu'on voudra étudier le dernier de ces deux royaumes · cela évitera d'inutiles répétitions et fera comprendre plus clairement l'hydrographie du Portugal et de l'Espagne.

La peninsule Hispanique peut se diviser en deux versants d'inégale étendue : le *versant Atlantique*, qui embrasse le Portugal et la plus grande partie de l'Espagne, et le *versant Méditerranéen*, qui comprend toute la partie sud-est de ce dernier pays. ·

I. VERSANT ATLANTIQUE.

On peut le diviser en trois pentes, savoir :

La *pente septentrionale*, ou du golfe de Gascogne (mer de Biscaye);

La *pente occidentale*, ou de l'océan Atlantique;

La *pente du sud-ouest*.

1° PENTE SEPTENTRIONALE.

On trouve dans cette pente, qui est la moins considérable, et qui renferme les parties septentrionales de la Navarre, des pays Basques, de la Vieille-Castille, des Asturies et de la Galice :

La *Bidassoa*, qui sépare la France de l'Espagne; c'est à son embouchure qu'est située *Fontarabie;*

L'*Anza*, qui passe à *Orduna* et à Bilbao;

Le *Nalon*, qui passe à Oviédo, et débouche dans la mer un peu à l'ouest du cap de Penas;

Et *la Navia*, plus à l'ouest.

2° Pente occidentale.

Elle s'étend depuis le cap Ortégal, en Espagne, jusqu'au cap Saint-Vincent, en Portugal, et embrasse tout le Portugal et la plus grande partie de l'Espagne, voici les fleuves principaux qui y coulent :

L'*Ulla*, dans la Galice il coule un peu au nord-ouest de *Pontevedra;*

Le *Minho*, qui traverse la Galice, du nord-est au sud-ouest, et sépare dans son cours inférieur l'Espagne du Portugal. Il prend sa source près de *Mondonedo*, passe près de *Lugo*, à *Orense*, à *Tuy*, sur le territoire espagnol, et près de *Valenca*, dans le Portugal; — ce fleuve reçoit à gauche le *Sil*, qui passe un peu à l'ouest de *Ponferrada;*

La *Lima*, qui vient d'Espagne, entre dans le Portugal et arrose *Vianna* à son embouchure;

Le *Douro* ou *Duero*, l'un des cinq grands fleuves de la péninsule Hispanique; il forme un large bassin dont la plus grande portion est en

Espagne Il prend sa source dans la Vieille-Castille, un peu au nord-ouest de Soria , qu'il arrose , passe près d'*Osma* , d'*Aranda* , de Valladolid , arrose Toro , Zamora , et entre dans le Portugal près de *Miranda;* il passe ensuite près de *Moncorvo* et de *Lamego*, et débouche dans l'océan Atlantique à Porto ou *Oporto*. — Ce fleuve reçoit :

A droite : — La *Pisuerga*, qui passe à *Valladolid*, et est grossie à gauche par l'*Arlanzon*, qui arrose Burgos ; à droite, par le *Carion*, qui baigne *Saldana* , *Carion* et Palencia ; — le *Valderaguay* , grossi à droite par le *Seco* , qui passe à *Medina de Rio-Seco;* — l'*Esla* , qui coule un peu à l'est de Léon et passe à *Benavente;* — le *Sabor*, qui coule dans le Portugal et passe près de Bragance, *Outeiro* et *Moncorvo;* — et le *Tamega*, qui vient d'Espagne, et passe à *Chavez*, dans le Portugal.

A gauche:—Le *Douro* reçoit l'*Alaja*, qui passe à Avila ; — le *Tormes*, qui arrose Salamanque; —l'*Aguada*, qui passe près de *Ciudad-Rodrigo*, et sépare, dans la partie inférieure de son cours, l'Espagne du Portugal ;—la *Coa*, qui coule dans le Portugal et passe à *Almeida*, et près de *Pinhel* et de *Castel-Rodrigo;*

Le *Vouga*, petit courant qui traverse le Portugal et se jette dans la lagune d'*Aveiro;*

Le *Mondego*, le plus considérable des fleuves qui appartiennent exclusivement au Portugal : il prend sa source près de *Guarda* , et passe à Coimbre ;

Le *Tage*, le plus grand fleuve de l'Espagne

et du Portugal : il prend sa source dans la Sierra d'*Albarrazin*, coule généralement, comme le Douro, de l'est à l'ouest ; arrose en Espagne *Almonacide, Aranjuez,* Tolède, *Talaveira* et *Alcantara* ; et en Portugal, *Abrantès, Santarem, Castanheira,* et Lisbonne à sa vaste embouchure, où il forme une des plus belles rades de l'Europe. Ce grand fleuve reçoit :

A droite : — La *Jarama,* qui prend sa source près de *Saint-Ildefonse,* dans la Sierra de Guadarrama, arrose *Buitrago, Uceda, Talamanca,* et se jette dans le Tage, un peu à l'ouest d'*Aranjuez :* cette rivère reçoit à gauche le *Henarès,* qui passe à *Siguenza, Jadraque,* Guadalaxara et *Alcala ;* a droite, le *Manzanarès,* qui arrose *El-Pardo* et Madrid ; — la *Guadarrama,* qui passe près de *Mostoles ;* — l'*Alberche,* qui se réunit au Tage, près de *Talaveira ;* — le *Tietar ;* — l'*Alagon,* le plus grand des affluents du Tage : il descend de la Sierra-Francia, passe à *Coria,* et se jette dans le Tage, un peu à l'est d'Alcantara ; — le *Zezere,* rivière du Portugal, qui se joint au Tage à une petite distance à l'ouest d'*Abrantès.*

A gauche : Le Tage reçoit le *Rio del Monte ;* — le *Solor,* en Espagne ; — et en Portugal, le *Zacas,* qui prend sa source près de *Portalègre,* et passe près de *Crato* et d'*Aviz ;*

Le *Sado,* fleuve du Portugal, qui coule du sud au nord, et va se jeter dans la lagune de *Setubal.*

3° PENTE DU SUD-OUEST.

Quoique cette pente, dans son littoral, ne s'étende que du cap Saint-Vincent au cap Trafalgar, elle ne renferme pas moins deux fleuves considérables, et elle embrasse une grande portion de l'Espagne et une petite partie du Portugal. On y trouve :

La *Guadiana*, grand fleuve qui prend sa source dans la Sierra d'Alcaraz, au sud-est de la Nouvelle-Castille, coule en Espagne de l'est à l'ouest, et dans le Portugal du nord au sud; arrose, en Espagne, CIUDAD-RÉAL, *la Serena*, BADAJOZ, passe entre *Olivença*, en Espagne, et *Elvas*, dans le Portugal, où elle arrose *Mertola;* puis, à son embouchure, qui sépare le Portugal de l'Espagne, elle baigne encore *Ayamonte*, sur le territoire espagnol. La Guadiana reçoit :

A DROITE : — Le *Rianzarès*, qui prend sa source un peu au sud de *Tarancon*, et passe près d'*Alcazar de San-Juan ;*

A GAUCHE : — Le *Zuja*, qui descend de la Sierra-Morena, et se jette dans la Guadiana, tout près de *la Serena;* — le *Matuchel*, qui descend des mêmes montagnes et se joint à la Guadiana, vis-à-vis de *Mérida ;*

Le *Tinto*, petit fleuve côtier, entre la Guadiana et le Guadalquivir : il arrose *Huelva* vers son embouchure ;

Le *Guadalquivir*, tout entier dans l'Espagne, où son bassin forme la plus grande partie de l'Andalousie : il prend sa source dans la Sierra de Sagra, coule au sud-ouest, et passe près d'*Ubeda*, à *Andujar*, à CORDOUE et à SÉVILLE ; il reçoit ·

A DROITE. — Le *Guadalimar*, qui descend de la Sierra d'Alcaraz, passe à *Segura de la Sierra*, et reçoit la *Guadarmena*, qui vient des mêmes montagnes, et arrose vers sa source *Alcaraz*; — la *Jandulla*, qui traverse la Sierra-Morena ;—le *Guadato* ;—le *Bembezar*, qui prend sa source vers *Llerena* ; — et le *Huebla*, qui se jette dans le Guadalquivir, en face de SÉVILLE ;

A GAUCHE : — Le *Guadajoz*, qui se jette dans le Guadalquivir, un peu au-dessous de CORDOUE ; — le *Xénil*, qui descend de la Sierra-Nevada, et arrose successivement dans sa belle et longue vallée GRENADE, *Santa-Fé*, *Loja* et *Ecija* ; — le *Corbone*, qui passe à *Carmona* ; — et le *Montellano*, très-peu considérable.

II. VERSANT MÉDITERRANÉEN.

On pourrait le diviser en deux pentes bien inégales :

La *pente du sud*, depuis Gibraltar jusqu'au cap Palos ; et la *pente du sud-est*, depuis le cap Palos jusqu'au cap de Creux.

La première de ces deux pentes, qui n'offre qu'une bande étroite de terrain entre la Sierra-Nevada et la mer, n'offre aucun courant d'eau assez important pour être marqué sur la carte.

PENTE DU SUD-EST.

Cette pente embrasse tous les pays qui forment la couronne d'Aragon, c'est-à-dire les royaumes de Murcie, de Valence, d'Aragon et la Catalogne ; de plus, le royaume de Navarre, la province d'Alava, une partie de la Vieille-Castille et de la Nouvelle Castille.

Voici les fleuves les plus remarquables qui s'y trouvent, et qui coulent tous généralement vers le sud-est :

La *Segura*, qui passe à MURCIE et à *Orihuela :* son bassin est devenu fameux depuis ces dernières années, à cause des fréquents tremblements de terre qu'il a éprouvés. La Segura reçoit à droite le *Sangonera*, qui passe à *Lorca*, et se joint à la Segura, vis-à-vis de MURCIE ;

Le *Xucar*, qui descend de la Sierra d'Albarrazin, passe à CUENCA, et près d'*Albacète ;* il reçoit à gauche le *Gabriel*, rivière considérable ;

Le *Guadalaviar*, qui vient aussi de la Sierra d'Albarrazin, passe à *Albarrazin*, *Teruel* et à VALENCE ; avant d'arriver à cette dernière ville, il se divise en deux branches, dont l'une va déboucher dans la lagune d'Albuféra ;

Le *Mijarès*, petit courant d'eau qui passe à *Castellon de la Plana ;*

L'*Ebre*, un des cinq grands fleuves de l'Espagne : il prend sa source dans les montagnes des Asturies ; passe à *Reynosa*, tout près de sa source, à *Frias*, *Miranda*, *Logrono*, *Calahorra*, *Alfara*, *Tudela*, Saragosse et *Tortose;* il reçoit ·

A droite : — Le *Xalon*, qui descend de la Sierra de Moncayo, et passe à *Calatayud;* — le *Guadalope*, qui passe à *Alcaniz;*

A gauche : — L'*Aragon*, qui vient du mont Perdu, dans les Pyrénées, passe à *Jaca*, à *Sangueza* et à *Villafranca :* il est grossi, à droite, par l'*Arga*, qui arrose Pamfelune et *Puerte-la-Reina;* — le *Gallego*, qui se jette dans l'Èbre, à Saragosse même; — la *Sègre*, grande rivière, et le plus considérable des affluents de l'Èbre : elle prend sa source dans les Pyrénées-Orientales, passe à *Puycerda*, près de sa source, à *Urgel*, *Balaguer* et *Lérida :* elle reçoit, à droite, la *Cinca*, qui passe à *Barbastro;*

Le *Llobregat*, qui coule au pied des pics de Mont-Serrat, et debouche dans la mer Méditerranée, un peu au-dessous de Barcelone ;

Le *Ter*, petit fleuve, qui descend des Pyrénées, et passe près de *Vique* et à *Girone*.

MONTAGNES.

Les bassins des grand fleuves que nous venons de faire connaître, sont séparés les uns des autres par des chaînes de montagnes plus ou moins considérables, et que nous devons rapidement indiquer.

Ainsi, on trouve :

1° Entre le versant Méditerranéen et le ver-

sant Atlantique, une longue chaîne de montagnes qui se détache des *monts des Asturies*, vers
les sources de l'Èbre, porte les noms de *Sierra
de Moncayo*, entre le Douro supérieur et les
sources du Hénarès et du Xalon; de *Sierra
d'Albarrazin*, aux sources du Tage, du Xucar
et du Guadalaviar; de *Sierra d'Alcaraz*, entre
le Guadalimar et la Guadarmena; et de *Sierra
de la Sagra*, des sources de la Segura à celles
du Sangonera : cette longue suite de montagnes
se désigne quelquefois sous le nom général de
chaîne Ibérique;

2º Depuis la source du Sangonera, se détache
de la chaîne Ibérique la *Sierra-Nevada*, qui
se prolonge jusqu'à Gibraltar et à Cadix :
elle renferme les plus hauts sommets de l'Espagne;

3º Entre le bassin du Guadalquivir et celui
de la Guadiana, on trouve, à partir du confluent du Guadalimar avec la Guadarmena, la
Sierra-Morena, dont le prolongement occidental prend successivement les noms de *Sierra-
Constantina* et de *Sierra-Albarevra*;

4º Le bassin de la Guadiana est séparé de celui du Tage par une très-longue chaîne qui commence aux sources de ce dernier fleuve, vers la
Sierra d'Albarrazin, et suit dans sa direction générale le cours de la Guadiana : elle prend le
nom de *monts de Tolede* au sud de cette ville,
où elle atteint une hauteur assez considérable;
puis celui de *Sierra Saint-Mamed*, au nord de
Badajoz : elle traverse ensuite, du nord au sud, le
Portugal, et se divise en deux branches secon-

daires, dont l'une se termine à l'embouchure de la Guadiana, et s'appelle *Sierra de Monchique;* et l'autre, nommée *Sierra de Lagos*, va former au sud-ouest le cap Saint-Vincent,

5° Vers la source du Hénarès, et depuis la Sierra de Moncayo, commence la suite des montagnes qui séparent le bassin du Tage de celui du Douro : on les nomme *Sierra de Guadarrama*, à l'est de Ségovie ; *Sierra de Gredos*, le long du Tietar, vers *Plasencia ; Sierra de Francia* et *Sierra de Gata*, entre l'Alagon, autre affluent du Tage, et l'Aguada, affluent du Douro, *Sierra de Meras*, dans le Portugal, au sud-est du Zezere ; *Sierra Estrella*, au nordouest de la même rivière ; et *Sierra de Cintra*, au nord-ouest du cours inférieur du Tage, jusqu'au cap de Roca, à l'ouest de Lisbonne.

6° Au nord du bassin du Douro, et depuis les sources de l'Èbre jusqu'au cap Finisterre, courent de l'est à l'ouest les *monts des Asturies*, qui prennent dans leur partie occidentale le nom de *Sierra de Penamarella;* à l'est, cette même chaîne se désigne quelquefois sous le nom de *Pyrénées Cantabriques*, et va joindre :

7° Les *Pyrénées*, qui séparent la France de l'Espagne, depuis l'embouchure de la Bidassoa, à l'ouest, jusqu'au cap de Creux, à l'est : c'est des Pyrénees, et entre la Segre et le Llobregat, que descend le chaînon secondaire qui forme les *pics de Mont-Serrat*, masse prodigieuse de sel gemme.

PRINCIPAUX SOMMETS.

Les sommets les plus remarquables des montagnes que nous venons de décrire sont :

Le *Mulahacen* (Sierra Nevada). 1,823 toises.
La *Veleta* (Sierra Nevada) . . 1,780
Le *Moncayo* (Sierra de Moncayo) 1,500
Le *Mont-Perdu* (Pyrénées).   . 1,747

Voyez le profil des montagnes dans la carte d'Europe, et les pages 113 et 116 du Précis, 1re série.

LACS, LAGUNES.

L'Espagne n'a aucun lac considérable ; et nous ferons seulement remarquer les deux *lacs* ou *marais d'Alcazar*, qu'on a longtemps regardés comme la source de la Guadiana ; — puis, dans le bassin de l'Ebre, le *lac Gallocanta*, au sud-ouest de Daroca.

Au sud de Valence, on voit la *lagune d'Albufera* ; — et celle de la *Mar-Menor*, vers le cap Palos : ces deux lacs salés sont importants à cause de leur abondante pêche, dont le fermage rapporte beaucoup.

CLIMATS.

La chaîne des monts Asturiques, depuis le cap Finisterre jusqu'à la source de la Bidassoa ; la longue chaîne Ibérique et la Sierra-Nevada, depuis les sources de l'Ebre jusqu'à Cadix, déterminent trois grands versants climatiques dans l'Espagne et le Portugal.

Les pentes qu'offre le versant septentrional éprouvent toute l'influence du nord, car les hautes montagnes des Asturies permettent à peine aux vents du sud d'y pénétrer, et cette longue étendue de côtes est ainsi exposée à toute la violence des vents froids du pôle arctique. Aussi le climat, quoique assez tempéré, y est-il fort humide. On y trouve quelques fertiles vallées, un petit nombre de mines et des forêts assez considérables à l'ouest, dans la Galice. Les habitants de ces contrées ont pour principales ressources la pêche et le commerce maritime. •

Le versant occidental, qui s'étend du cap Finisterre à Cadix, et qui pénètre fort avant dans l'intérieur de la péninsule Hispanique, est généralement plus chaud que le versant du nord; mais la chaleur y est temperée par les vents de l'Atlantique, surtout vers les côtes. Ce versant considérable, partagé par des chaînes de montagnes en larges bassins creusés tous parallèlement à l'équateur, présente des expositions très-diverses, et par consequent aussi des variations locales de climat. Ainsi, dans chaque bassin, les rives droites des fleuves et les pentes méridionales des montagnes éprouvent une température en général plus chaude que celle des flancs septentrionaux des mêmes chaînes. Vers le sud, quelques parties du bassin du Guadalquivir et de la Guadiana ont un climat aussi chaud que celui du versant méditerranéen.

Ce troisième versant jouit d'un climat plus chaud que les deux précédents, au moins sur toute l'étendue de ses côtes et vers le cours inférieur des fleuves. L'olivier, cultive seulement dans quelques endroits du versant occidental, prospère partout dans les pentes inclinées vers la Méditerranée; les vins qu'elles produisent sont plus liquoreux, plus généreux, et partout aussi le mûrier, le grenadier, le figuier, l'oranger et le citronnier, et une foule d'autres plantes méridionales y réussissent : on y a même acclimaté la canne à sucre, le coton, le gommier, le café et l'indigo. Ajoutons que vers le sud ce versant présente un caractère en tout semblable à celui des côtes d'Afrique, et qu'on y trouve plusieurs animaux de cette partie du monde.

Ce que nous venons de dire de ces trois versants généraux ne doit s'entendre que des plaines et des vallées voisines de l'Océan ou de la Méditerranée : les contrées intérieures de l'Espagne, très-élevées au-dessus du niveau des mers, forment d'immenses plateaux d'un aspect triste et monotone, et la température en hiver y est très-froide, tandis que souvent en été la chaleur y devient presque insupportable. Le plateau au milieu duquel s'élève Madrid est à plus de 350 toises au-dessus de l'Océan. (*Voy*. le profil des montagnes dans la carte d'Europe.)

MINÉRAUX.

Les principales richesses minérales de l'Espagne consistent dans ses abondantes *mines de mercure*, au sud-est de la Nouvelle-Castille, les plus riches de l'Europe, mais qui viennent d'être inondées par un général de don Carlos ; de *plomb*, aussi les plus riches de l'Europe ; de *cuivre*, de *fer* et de *sel commun*. On y trouve aussi quelques mines d'*or* et d'*argent* et quelques pierres précieuses autres que le diamant.

VÉGÉTAUX.

Le climat de l'Espagne est si varié et le sol en est si fertile, que malgré l'état déplorable où s'y trouve l'agriculture, elle produit abondamment toutes sortes de blés, des vins exquis, et les fruits de presque tous les pays. On y trouve même des bois assez étendus d'orangers et de citronniers.

ANIMAUX.

Les *chevaux* d'Espagne, surtout ceux de l'Andalousie, sont peut-être les plus beaux de l'Europe, ainsi que ses *mulets* et ses *ânes*. Elle possède d'innombrables troupeaux de moutons *mérinos* dont la laine est très-recherchée, particulièrement celle de Soria et de Ségovie; on y trouve des *bœufs* en grand nombre, et l'on y élève une multitude de *porcs* qui fournissent des jambons estimés. Enfin on y rencontre toutes sortes de gibier et quelques animaux, tels que le *singe commun*, qui ne vivent que dans les régions chaudes des autres parties du monde.

DIMENSIONS, SUPERFICIE, POPULATION.

Plus grande longueur, 245 lieues, de l'embouchure de la Guadiana au cap de Creux ;

Plus grande largeur, 209 lieues environ, du cap Ortegal au cap de Gata.

Superficie, 23,852 lieues carrées environ ; ce qui ne donne pas 583 habitants par lieue carrée pour la *population relative;* la *population absolue* étant, d'après Balbi, de 13,900,000 habitants. Il faut se rappeler qu'on obtient la population relative en divisant la population absolue par le nombre de lieues carrées ou la superficie. (*Voy*. pag. 78, 1ʳᵉ série.)

RELIGION, COMMERCE ET INDUSTRIE.

La religion *catholique romaine* est la seule religion professée en Espagne, et tout autre culte étranger est sévèrement défendu.

L'industrie et le *commerce*, ainsi que l'*agriculture*, autrefois si florissants, sont aujourd'hui généralement négligés en Espagne et fort en arrière de ceux des autres pays de l'Europe. Cependant plusieurs villes de l'intérieur sont assez industrieuses, et l'on remarque surtout Madrid, Guadalaxara, Burgos, Ségovie, Avila, Saragosse, Tolède, Albacete, Grenade, etc. Sur les côtes, un assez grand nombre de ports font un commerce considérable ; les principaux sont : Barcelone, Valence, Alicante, Murcie, Orihuela,

Carthagène, Malaga, Cadix, la Corogne, Santander, Bilbao, Saint-Sébastien.

TOPOGRAPHIE.

Nous allons parcourir rapidement chacune des anciennes provinces, et en indiquer les principales villes.

I. Dans l'Andalousie.

Malaga, dont la population s'élève à 52,000 âmes : on vante ses vins de liqueurs et ses raisins secs, dont elle exporte chaque année une quantité considérable. — On peut citer encore :

Almeria, ville ancienne, avec un bon port et 19,000 habitants ;

Gibraltar, bâtie sur un rocher à pic, à l'entrée orientale du détroit de ce nom · c'est une forteresse regardée comme imprenable et qui *appartient aux Anglais ;* on y compte environ 15,000 habitants ;

Grenade, sur le Xénil, autrefois capitale du royaume arabe de Grenade, et qui comptait alors, dit-on, plus de 400,000 âmes. On y admire sa cathédrale et l'Alhambra, magnifique palais des rois maures : on y compte aujourd'hui 80,000 habitants ;

Jaen, avec une belle cathédrale et environ 19,000 âmes ;

Cordoue, qui fut dans le moyen-âge la capitale du khalifat de Cordoue ou d'Occident : sa cathédrale est le plus beau des monuments mauresques ; on lui accorde 57,000 habitants; elle est située sur le Guadalquivir, ainsi que

Séville, au milieu d'une riche et ravissante campagne : c'est l'une des plus grandes et des plus belles villes d'Espagne. On y admire plusieurs magnifiques monuments, et surtout la fameuse tour de la Giralda ; sa population s'élève à 91,000 habitants ;

Xérès de la Frontera, avec 34,000 âmes. Il s'y fait un grand commerce de ses vins renommés ;

Cadix, qui, par sa situation, est l'une des plus fortes places de l'Europe ; son port est franc, c'est-à-dire que les marchandises n'y paient aucun droit ni à l'entrée ni à la sortie ; et son commerce devient chaque jour plus considérable. On y compte environ 53,000 âmes.

II. Dans la Nouvelle-Castille.

Au nord du Tage :

Madrid, sur le Manzanarès ; c'est la capitale de toute la monarchie espagnole et de la Nouvelle-Castille. On y compte au delà de 200,000 habitants, et l'on y admire plusieurs beaux édifices, entre autres le magnifique palais du roi : elle possède un grand nombre d'établissements scientifiques et littéraires ;

Guadalaxara ou *Guadalajara*, petite ville de 7,000 âmes. On y remarque un pont sur le Hénarès, dont on attribue la construction à Jules-César,

Tolède, sur le Tage, avec une population de 15,000 habitants et une célèbre université. Son archevêque est primat des Espagnes ;

Aranjuez, à l'est, aussi sur le Tage C'est une résidence royale, et l'on y admire ses beaux jardins et son magnifique palais.

Au sud du Tage

Cuenca, petite ville de 9,000 âmes, sur le Xucar ;

Ciudad-Réal, sur la Guadiana, où se tient une foire célèbre d'ânes et de mulets. On y compte 8,000 habitants.

III. Dans l'Estramadure.

Badajoz, sur la Guadiana, avec 13,000 habitants On y voit un des plus beaux ponts de l'Europe ;

Merida, à l'est, aussi sur la Guadiana, avec un pont superbe et des restes nombreux d'antiquités romaines : population, 6,000 âmes ;

Olivença, avec 10,000 habitants ; c'est une ville industrieuse et l'une des places fortes de l'Espagne.

IV. Dans le royaume de Leon.

Léon, petite ville de 5 à 6,000 âmes, qui possède la plus belle église de l'Espagne ;

Zamora, avec un beau port sur le Douro, et 10,000 habitants,

Salamanque, avec 14,000 âmes, sur le Tor-

mès. Elle possédait autrefois la plus célèbre uni
versité de l'Espagne.

V. Dans la Galice.

Santiago, avec une belle cathédrale, une célèbre université et 28,000 habitants. On la nomme
aussi *Saint-Jacques de Compostelle*, et elle est
toujours visitée par un grand nombre de pèlerins ;

La Corogne, port considérable et florissant
dont la population s'élève à 23,000 âmes ;

Le Ferrol, qui est un des plus beaux ports de
l'Europe. On y compte 13,000 habitants : c'est
aussi une des plus fortes places de l'Espagne ;

Lugo, sur la rive gauche du Minho · c'est une
ville fort ancienne d'environ 12,000 âmes.

VI. Dans les Asturies.

Oviédo, avec 10,000 habitants et une antique
cathédrale.

VII. Dans la Vieille-Castille.

Burgos, sur l'Arlanzon, ville médiocre de
12,000 habitants ;

Palencia, sur le Carion, avec une belle cathédrale et 11,000 âmes ;

Valladolid, avec 21,000 habitants ; elle était
autrefois bien plus considérable. Elle possède une

belle université regardée comme la deuxième d'Espagne ;

Toro, sur le Douro, petite ville de 10,000 habitants ;

Avila; — *l'Escurial*, monastère magnifique et résidence royale, bâti par Philippe II après sa victoire de Saint-Quentin (1557);

Ségovie, avec 13,000 âmes, une vaste cathédrale, un antique aqueduc et une école militaire;

San Ildefonse, au milieu des montagnes et à 580 toises au-dessus du niveau des mers. C'est l'une des plus belles résidences des rois d'Espagne ;

Soria, vers la source du Douro, et non loin des ruines de l'ancienne Numance : elle fait un commerce considérable de laines et possède seulement 5,400 habitants :

Logrono, sur l'Ebre, ville industrieuse de 8,000 habitants.

VIII. Dans les pays Basques.

Bilbao, sur l'Anza, avec 15,000 âmes; c'est l'un des ports les plus commerçants de l'Espagne;

Saint-Sébastien, avec 9,000 âmes : elle est importante par son commerce et ses fortifications;

Fontarabie, petite ville de 2,000 habitants, bâtie à l'embouchure de la Bidassoa ;

Vitoria, jolie ville industrieuse et commerçante, qui compte 12,000 habitants.

IX. Dans la Navarre.

Pampelune, ville très-forte de 15,000 âmes ;
Tudela, sur l'Ebre, qu'on y passe sur un beau
pont : population 8,000 habitants.

X. Dans l'Aragon.

Saragosse, sur l'Èbre, au confluent du Gallego ;
c'est l'une des plus importantes villes d'Espagne,
et l'on y compte 43,000 habitants. — On cite
encore dans cette province :
Jaca, sur l'Aragon, au pied du Mont-Perdu :
elle est bien fortifiée ; — puis *Huesca*, au nord
de l'Ebre ; — et *Teruel*, au sud, sur le Guadalaviar.

XI. Dans la Catalogne.

Barcelone, près de l'embouchure du Llobregat ; sa population s'élève à 120,000 âmes, et sa
beauté, son commerce, son port et ses fortifications lui donnent le premier rang après Madrid ;
Au nord de Barcelone, il faut remarquer *Fi-
guères* et *Girone*, places fortes ; — à l'ouest,
Lérida, *Tarragone* et *Tortose*.

XII. Dans les royaumes de Valence et de Murcie.

Valence, sur le Guadalaviar, grande et industrieuse ville de 66,000 habitants. Elle ren-

ferme plusieurs beaux édifices et possède la première université de l'Espagne ;

Alicante, avec 25,000 habitants · elle fait un grand commerce de ses vins renommés, et son port est l'un des plus fréquentés de l'Espagne ;

Murcie, sur la Ségura, ville considérable, où l'on compte 36,000 âmes. Elle a beaucoup souffert de tremblements de terre, en 1829 ;

Orihuela, dans la plus belle et la plus riche vallée de l'Espagne : population 26,000 âmes ;

Carthagène, l'une des plus anciennes villes de la péninsule Hispanique, et l'un de ses meilleurs ports. Elle a plusieurs établissements publics fort remarquables, et sa population s'élève à 37,000 habitants.

Parmi les villes que nous venons de citer, il faut surtout se rappeler les plus considérables, qui sont :

Madrid, Barcelone, Séville, Grenade, Valence, Cordoue, Cadix, Malaga, Carthagène et Xérès de la Frontera.

PORTUGAL.

SITUATION.

Le Portugal, en ne prenant que des nombres entiers, s'étend, du sud au nord, entre le 37ᵉ et le 43ᵉ degré de latitude boréale ; de l'est à l'ouest, il est compris entre le 9ᵉ et le 12ᵉ degré de longitude occidentale de Paris.

LIMITES.

Il est borné :
Au *nord*, par la Galice et le Minho ;
A l'*est*, par le royaume de Léon, l'Estramadure et l'Andalousie ;
Au *sud* et à l'*ouest*, par l'océan Atlantique.

CAPS.

Du nord au sud, on trouve le *cap Mondégo*, à l'embouchure de la rivière de ce nom ; — le *cap Carvoeiro*, près de Peniche ; — le *cap de Roca*, et le *cap Spichel*, à l'entrée du Tage, le premier au nord, le second au sud ; — le *cap Sines*, et le *cap Serdas ;* — et enfin, tout à fait au sud-ouest, le *cap Saint-Vincent*, l'un des plus remarquables de l'Europe ; — puis le *cap Sainte-Marie*, vers les îles de ce nom, auprès de Faro.

ILES.

Les *îles Berlingues*, au nord-ouest du cap Carvoeiro ; — et les *îles Sainte-Marie*, près du cap de ce nom : elles sont toutes peu considérables. Mais plus a l'ouest, dans l'océan Atlantique (*voy*. la mappemonde), on trouve le groupe des Açores, qui sont très-importantes par leur population et leur commerce : *Terceira* en est la plus considérable.

INDUSTRIE ET COMMERCE.

Nous renvoyons à la description de l'Espagne pour les *fleuves*, les *montagnes* et le *climat* du Portugal, ainsi que pour le produit des règnes *minéral*, *végétal* et *animal*. Nous ajouterons même que, comme en Espagne, la *religion catholique romaine* est la seule suivie par les Portugais, cependant les autres cultes y sont tolérés et l'on y trouve un grand nombre de juifs.

Pour l'*industrie*, elle est aujourd'hui assez florissante. Lisbonne, Porto, Coimbre et Evora sont les villes les plus industrieuses, et aussi les plus commerçantes, quoique le commerce du Portugal, si florissant encore au commencement de ce siècle, soit aujourd'hui considérablement diminué.

DIMENSIONS, SUPERFICIE, POPULATION.

Le Portugal, dont la forme est assez régulière, a 130 lieues de *longueur* et 50 lieues de *largeur environ;* sa superficie est estimée à 5,125 lieues carrées. Sa *population absolue* est portée à 3,530,000 âmes, ce qui donne pour sa *population relative*, ou pour chaque lieue carrée, 688 habitants.

DIVISIONS ET TOPOGRAPHIE.

Le Portugal se divise en *six provinces*, dont nous présentons le tableau ci-dessous, avec les chefs-lieux et les principales villes qui se trouvent dans chacune :

Provinces.	Chefs-lieux.	Villes remar-quables.
Entre-Douro et Minho.. . .	*Porto.*	*Braga,*
Tras-os-Montes.	*Bragance.*	
Beira	*Coimbre.* . . .	Lamego, Viseu.
Estramadure.	Lisbonne. . .	*Setubal*
Alem Tejo.	*Evora.* . . .	Villaviciosa.
Royaume d'Algarve.	*Faro.*	

Villes principales :

Porto, ville considérable bâtie à l'embouchure du Douro, qui y forme un bon port. Elle possède un grand nombre d'établissements publics et se distingue par son industrie et son commerce ; ses vins sont fort estimés ; on lui accordait naguère 70,000 habitants ;

Coimbre, avec 15,000 habitants . c'est une ville fort industrieuse et qui possède une fameuse université ;

Braga, ville fort ancienne, dont on admire l'antique et vaste cathédrale : population 16,000 âmes ;

Bragance, très-petite ville , remarquable seulement parce qu'elle est la capitale de Tras-os-Montès ;

Lisbonne, capitale du Portugal, grande et belle ville bâtie à l'embouchure du Tage, qui y forme une rade magnifique. On y remarque le palais royal et la belle église du couvent de Belem : sa population s'élève à 260,000 habitants ;

Setubal , port assez considérable, situé à l'embouchure du Sado ;

Evora , capitale de l'Alem-Tejo , et qui ne compte que 9,000 âmes environ. On y remarque plusieurs antiquités romaines ;

Faro, ville commerçante de 8,000 habitants.

ITALIE.

SITUATION.

On comprend sous le nom général d'Italie tous les pays qui s'étendent au sud et à l'est des Alpes jusqu'au Pô et à la mer Adriatique, et au sud du Pô toute la Péninsule et la Sicile. Ainsi limitée, l'Italie est comprise entre le 36e degré 40′ et le 46e degré 30′ de latitude boréale, et entre le 4e degré et le 16e degré de longitude orientale. La carte que nous étudions ne donne aucuns détails sur les États Sardes et le royaume Lombard-Vénitien, que nous avons déjà décrits.

MERS, GOLFES ET CANAUX.

Les mers qui baignent l'Italie sont :

1° *Au sud-ouest*, — la MER MÉDITERRANÉE, qui forme le *golfe de Génes*, le *canal de Corse*, entre l'île de ce nom et l'île d'Elbe, le *canal de Piombino*, entre cette dernière île et les côtes de la Toscane, puis la *mer de Sicile*, plus au sud. La mer de Sicile forme à son tour, sur les côtes du royaume de Naples, le *golfe de Gaete*, le *golfe de Naples*, et ceux de *Salerne*, *Policastro* et *Santa-Eufemia;* et sur les côtes de la Sicile, le *golfe de Castel-a-Mare*.

2° Cette mer de Sicile communique, par le détroit appelé *phare de Messine*, avec la *mer Io-*

nienne, dans laquelle on trouve le *golfe de Squillace* et le vaste *golfe de Tarente*.

Il faut aussi remarquer le large *canal de Malte*, qui se trouve entre l'île de ce nom et la Sicile.

De la mer Ionienne, qui baigne l'Italie au sud-est, on entre par le *canal d'Otrante* dans la MER ADRIATIQUE, au nord-est de l'Italie, et dans laquelle on peut remarquer le *golfe de Manfredonia*.

CAPS.

Les principaux caps de l'Italie, sont :
Le *cap Circeo*, au sud des États de l'Église ; — le *cap Palinuro* et le *cap Vaticano*, vers les golfes de Policastro et de Santa-Eufemia ; — le *cap Spartivento*, à l'extrémité sud de l'Italie, — les caps *Stilo*, *Rizzuto*, *delle Colonne* et *Alice*, dans la mer Ionienne ; — le *cap Santa-Maria-di-Leuca*, à l'entrée du canal d'Otrante ; — et le *cap Viesti*, dans la mer Adriatique, à l'extrémité du mont Gargano.

Dans la Sicile, — les *caps Rosaculmo*, *San-Vito*, *Granitola*, *Scalambri*, *Passaro*, et *Moro-di-Porco*.

Il faut, parmi ces caps, remarquer surtout le *cap Passaro*, le *cap Spartivento*, le *cap Santa-Maria-di Leuca*, et le *cap Viesti*.

ILES.

Outre la *Corse* et la *Sardaigne*, qui ont été décrites ailleurs, on remarque encore *l'île de*

Capraja, l'île *d'Elbe*, *Pianosa* et *Giglio*, sur les côtes de la Toscane, à qui elles appartiennent ; — l'*île d'Ischia*, de *Capri*, et quelques autres vers les golfes de Naples et de Gaete ; — les ÎLES DE LIPARI ou d'*Éole*, dont les principales sont : *Lipari*, *Vulcano*, et *Stromboli*, remarquable par son volcan ; — la SICILE, la plus grande des îles de la Méditerranée ; — les *îles Égades*, qui dépendent de la Sicile, ainsi que celles de Lipari, et l'île de *Pentellaria* ; — enfin, l'*île de Malte* et celle de *Gozzo*, qui sont à l'Angleterre.

DIVISIONS.

L'Italie en deçà du Pô, que nous décrivons maintenant, est divisée du nord au sud en 7 états différents, savoir :

États.	*Capitales.*
Le duché de Parme.	Parme.
Le duché de Modène.	Modène.
Le duché de Lucques.	Lucques.
Le grand duché de Toscane.	Florence.
Les États de l'Église. . . .	Rome.
La république de St.-Marin.	Saint-Marin (dans les États de l'Église)
Le royaume de Naples. . . .	Naples, Palerme *pour la Sicile.*

PENTES ET FLEUVES.

La chaîne des Apennins divise l'Italie en deux pentes principales : l'une vers le sud-ouest, et l'autre vers le nord-est. Une troisième pente se trouve au sud-est, entre les deux ramifications de l'Apennin, depuis le détroit de Messine jusqu'au canal d'Otrante.

1⁰ *Pente du sud-ouest.*

Voici les fleuves qu'on y trouve :

La *Magra*, qui passe à *Pontremoli*, et reçoit à droite la *Vara*;

Le *Serchio*, qui passe à Lucques ;

L'*Arno*, qui arrose Florence et *Pise :* il reçoit à droite le *Sieve*, et à gauche l'*Elsa*, qui passe à *Colle* et à *San-Miniato ;* — l'Arno communique avec le Tibre par un *beau canal*, qui commence un peu à l'ouest d'Arezzo, et se termine près de *Chiusi*, dans la *Paglia*, affluent du Tibre ;

L'*Ombrone*, qui passe près de *Siéne*, et à *Grossetto.*

Tous ces fleuves arrosent le grand-duché de Toscane.

La *Fiora*, qui vient de la Toscane, et entre dans les Etats de l'Eglise ,

La *Marta*, qui sort du lac Bolsena ; — et l'*Arone*, qui sort du lac Bracciano ;

Le *Tibre*, qui prend sa source dans la Toscane, et traverse les Etats de El'glise du nord au sud : il passe à *Pérouse* et à Rome ; il reçoit à droite la *Paglia*, qui arrose *Orvieto*. Le Tibre reçoit à gauche le *Topino*, qui passe à *Foligno ;* la *Neva*, qui arrose *Terni* et *Narni*, et se grossit de l'*Imele*, qui passe à *Rieti ;*

Le *Teverone*, célèbre par ses cascades, et qui arrose *Tivoli.*

Dans le royaume de Naples :

Le *Garigliano*, formé du *Sacco*, qui vient

des Etats de l'Eglise, et du *Liri*, qui passe à *Sora*; ce petit fleuve arrose *Ponte-Corvo*;

Le *Volturno*, qui arrose *Capoue*, et reçoit à gauche le *Calore*, qui passe à *Bénévent*;

Le *Sele*, qui coule dans le golfe de Salerne; — et le *Lamato*, dans le golfe de Santa-Eufemia.

2º *Pente du sud-est.*

On y trouve :
Le *Neto*; — le *Crati*, qui passe à *Cosenza*; — l'*Agri*; — le *Basente*, qui arrose *Potenza*; et le *Brandano*, etc.

3º *Pente du nord-est.*

Les principaux fleuves de cette pente sont :
L'*Ofanto*; — la *Cervara*; — le *Triolo*, qui coulent dans le golfe de Manfredonia; — le *Fortore*; — le *Biferno*; — le *Sangro*; — la *Pescara*, qui arrose *Aquila*, *Popoli*, *Chieti* et *Pescara* à son embouchure; — le *Vomano*; — et le *Tronto*, qui passe à *Ascoli*.

Tous ces fleuves sont dans le royaume de Naples. Dans les Etats de l'Eglise, on trouve :
Le *Chienti*, qui passe à *Camerino*; — l'*Esino*; — le *Metauro*; — la *Marrecchia*, qui débouche dans la mer Adriatique, tout près et au nord de *Rimini*; — le *Mantone*, qui vient de la Toscane, et arrose *Forli* et *Ravenne*;

Le *Pó*, le plus grand fleuve de l'Italie, qui reçoit, à droite : — la *Trebbia*; — le *Taro*; — et la *Parma*, qui passe à Parme; — le *Sec-*

chio, qui arrose MODÈNE ; — le *Panaro*, qui, dans la partie inférieurede son cours, sépare le duché de Modène des Etats de l'Eglise ; — le *Reno*, qui se jette dans le Pô, à *Ferrare ;* — et enfin, la *Quaderna*, qui va joindre ses eaux à celles du *Po - di - Primaro*, au nord de Ravenne.

Dans la Sicile, les fleuves principaux sont :

A l'est : — l'*Alcantaria*, qui passe à *Randazzo ;* — le *Chryso-Potamo ;*

Au sud · — la *Ragusa ;* — le *Maroglio ;* — le *Salso ;* — le *Platani ;* — et le *Belici*.

MONTAGNES.

La chaîne des *monts Apennins*, grande ramification des Alpes, parcourt toute l'Italie, du nord-ouest au sud-est, et va se terminer vers le phare de Messine ; — près de Naples, on remarque le *mont Vésuve*, l'un des plus célèbres volcans du monde ; — et à l'ouest du cap Viesti, on voit s'élever le *mont Gargano*.

Dans la Sicile, on trouve aussi de hautes chaînes de montagnes qui se dirigent d'un centre commun (les sources du Chryso-Potamo) vers les trois pointes de son triangle. C'est là aussi que s'élève, sur la côte orientale, le fameux *volcan de l'Étna*, bien plus considérable que le Vésuve.

LACS ET LAGUNES.

Entre Ferrare et Ravenne, et dans le Delta du Pô, on voit les vastes *lagunes de Comma-*

chio, dans les Etats de l'Eglise, — puis, dans les mêmes Etats, on trouve le *lac de Tra-simène*, si célèbre par la défaite des Romains, — le *lac Bolsena* ; — et le *lac Bracciano*.

Dans le royaume de Naples se trouve le *lac Fucino*, vers les sources du Liri, de l'Imele et du Sangro ; — et sur les bords de la mer Adriatique, les *lagunes de Lesina* et de *Salpi*.

CLIMAT ET PRODUCTIONS DES TROIS RÈGNES.

Le *climat* de l'Italie, quoique généralement chaud, est assez tempéré, et la fertilité du sol y est presque partout admirable, surtout dans la vallée du Pô, et dans tout le royaume de Naples.

La pente du sud-ouest est plus humide, l'air y est moins salubre, et le *sirocco*, vent brûlant et oppressif, s'y fait sentir ; c'est aussi dans cette pente que de Pise à Terracine règne cet air pestilentiel de la *Malaria*, et que s'étendent les *Maremmes*, vastes plaines insalubres, le plus souvent sans culture.

La pente du sud-est est la plus chaude, et l'on y voit croître et prospérer le *palmier* des tropiques. La pente du nord-est semble être la plus froide, mais l'air y est presque toujours sec et pur.

Dans presque toute l'Italie, on recueille de l'*huile*, de la *soie*, des *vins*, du *blé*, et une prodigieuse quantité de *toutes sortes de fruits*. On y nourrit de nombreux troupeaux de *moutons* et de *bêtes à cornes;* on y rencontre le *buffle*, le *chamois*, le *cerf*, le *lynx*, et une grande quantité de *gibier*.

L'Italie renferme des *mines de fer* (dans l'île d'Elbe), quelque peu de *cuivre*, et des carrières de très-beau *marbre*, etc.

RELIGION ET GOUVERNEMENT.

La religion dominante de l'Italie est la *religion catholique romaine*. On y trouve un très-petit nombre de *calvinistes*, de *grecs* et de *juifs*. — A l'exception de la petite république de Saint-Marin, tous les États de l'Italie ont un gouvernement monarchique absolu. Pour les États de l'Église, ils forment une monarchie élective.

INDUSTRIE ET COMMERCE.

On sait combien, dans le moyen-âge, furent florissants, en Italie, l'industrie et le commerce. Venise, Gênes, Florence, ne s'étaient agrandies que par leur immense trafic. Aujourd'hui, ce commerce, quoique considérable encore, n'est plus que l'ombre de ce qu'il était autrefois; et l'industrie, malgré les progrès qu'elle a faits depuis ces dernières années, est encore fort en arrière de celle des autres grandes nations de l'Europe.

DESCRIPTION DES ÉTATS.

DUCHÉ DE PARME.

Ce duché est borné *au nord* par le royaume Lombard-Vénitien, dont le Pô le sépare; — à l'*est*, par le duché de Modène; — au *sud*, par une enclave appartenant à la Toscane, et encore par le duché de Modène; — à l'*ouest*, par les états Sardes.

Le petit DUCHÉ DE GUASTALLA, qui en fait partie, est situé au *nord* du duché de Modène, dans le royaume Lombard-Vénitien.

Sa POPULATION est de 440,000 habitants; et sa SUPERFICIE, d'environ 288 lieues carrées.

TOPOGRAPHIE.

PARME. capitale de tout le duché, grande et belle ville de 30,000 habitants : on y remarque plusieurs beaux édifices, et entre autres le superbe théâtre Farnèse, qui est, dit-on, le plus vaste de l'Europe;

PLAISANCE, avec 28,000 âmes, belle ville, près du confluent de la Trebbia et du Pô; — au sud-est de Plaisance, on trouve :

Fiorenzola, petite ville, aux environs de laquelle on a découvert les ruines de l'ancienne *Velleia*, ensevelie sous des rochers à plus de vingt pieds de profondeur : on en a retiré un grand nombre de monuments précieux;

Guastalla, petite ville de 6,000 âmes, capitale · du petit duché de ce nom : elle est située sur la rive droite du Pô.

DUCHÉ DE MODÈNE.

LIMITES.

Le duché de Modène est borné au *nord* par le royaume Lombard - Venitien, le duché de Guastalla ; — à l'*ouest*, par le duché de Parme, et une enclave du grand-duché de Toscane ; — au *sud*, par le golfe de Gênes et le duché de Lucques, — à l'*est*, par la Toscane et les États de l'Église.

SUPERFICIE.

On estime la superficie de ce duché à 272 lieues carrées ; et sa POPULATION, à 380,000 habitants

TOPOGRAPHIE.

MODÈNE, avec une population de 27,000 habitants, est la capitale du duché. On y voit plusieurs beaux édifices, entre autres le palais ducal, et la cathédrale, remarquable par sa haute tour, appelée la Guirlandina : cette ville possède une université et plusieurs autres établissements scientifiques et littéraires ;

Reggio, jolie ville de 18,000 âmes, avec une maison célèbre pour la guérison des fous ; — *la*

Mirandola, au nord, — et *Massa*, au sud,
petites villes.

DUCHÉ DE LUCQUES.

Ce petit Etat, qui touche à la mer du côté
de l'ouest, est entoure au noid, à l'est et au
sud, par les Etats de Modène et de Toscane.

Il n'a guère que 54 lieues carrées, et 143,000
habitants.

Lucques, avec une population de 22,000 âmes,
en est la capitale.

On y remarque quelques beaux édifices, et
elle possède un grand nombre d'institutions savantes et littéraires.

GRAND-DUCHÉ DE TOSCANE.

LIMITES.

Cet Etat est borné au *nord* et à l'*est* par les
Etats de l'Eglise ; — au *sud-ouest*, par la mer
Méditerranée, qui y forme le canal de Piombino
et celui de Corse ; — au *nord-ouest*, par le duché de Lucques et celui de Modène : il possède encore une petite portion de territoire,
enclavée entre les Etats de Parme, de Modène et
de Lucques.

SUPERFICIE ET POPULATION.

La superficie totale de ce grand-duché est à
peu près de 1,098 lieues carrées, et sa po-

pulation absolue, de 1,275,000 âmes, ce qui donne environ 1,161 habitants par lieue carrée.

DIVISIONS ET TOPOGRAPHIE.

Cet Etat se divise en cinq compartiments (divisions ou cantons), qui portent tous le nom de leurs chefs-lieux, savoir :

Provinces.	*Villes remarquables.*
Florence.	Volterra , Pistoja.
Pise.	Livourne.
Grossetto.	Orbitello.
Siene	
Arezzo.	Cortona.

FLORENCE, sur l'Arno, capitale du grand-duché, et l'une des plus belles villes de l'Europe par le grand nombre de magnifiques monuments publics qui la décorent. On y admire surtout le palais Pitti, qui est la résidence du grand-duc, et la vaste cathédrale de Sainte-Marie del-Fiore, qui renferme la méridienne la plus haute du monde. Florence possède un grand nombre de collections d'objets d'arts et de sciences, des musées, des galeries, et une foule d'établissements pour les sciences et les lettres. On estime la population au-dessus de 75,000 âmes. — *Volterra*, remarquable par sa grande antiquité et l'immensité de ses murs cyclopéens, qui paraissent avoir renfermé une population de plus de 100,000 habitants : on y trouve les plus belles carrières d'albâtre de l'Europe et des

sources salées ; — *Pistoja*, ville très - industrieuse, de 12,000 âmes, et qui a donné son nom
au pistolet : on y fabrique beaucoup d'orgues ;

Pise, avec une faible population de 20,000
âmes : c'est une grande ville, bâtie sur l'Arno;
on cite sa superbe cathédrale, et à côté la fameuse tour inclinée du Campanile-torto : son
université est la première du grand-duché, et
l'une des plus célèbres d'Italie,

Livourne, port considérable de la Méditerranée, et qui s'agrandit chaque jour, sa population dépasse maintenant 66,000 âmes : on y
admire la grande place, et la synagogue des juifs ;

Grossetto, remarquable par ses salines ; —
Orbitello, par ses antiquités étrusques ;

Siéne, autrefois grande et populeuse cité, mais
qui ne renferme plus aujourd'hui que 18,000
âmes : on cite sa cathédrale, son hôtel-de-ville
et son académie des sciences ;

Arezzo, petite ville de 9,000 âmes : on y voit
encore les maisons de Pétrarque, de Guido d'A-
rezzo, et de Redi ; — *Cortona*, remarquable par
ses belles collections d'antiquités étrusques et par
de superbes travaux hydrauliques qui ont assaini
ses campagnes.

Nous pouvons encore citer dans l'île d'Elbe :

Porto-Ferrajo, petite ville de 2,000 habitants
et qui est célèbre par le séjour de l'empereur Napoléon ; — *Porto-Longone*, autre petite ville
très-forte comme la précédente.

ÉTATS DE L'ÉGLISE.

LIMITES.

Les États de l'Église sont bornés, *au nord*, par le royaume Lombard-Vénitien ; à *l'ouest*, par le duché de Modène et le grand-duché de Toscane; au *sud-ouest*, par la mer Méditerranée ; à *l'est*, par le royaume de Naples; au *nord-est*, par la mer Adriatique.

SUPERFICIE ET POPULATION.

La superficie totale des États de l'Église, en y comprenant les deux petites enclaves de *Ponte-Corvo* et de *Bénévent*, qui se trouvent dans le royaume de Naples, est d'environ 2,257 lieues carrées ; sa *population absolue* de 2,590,000 âmes, ce qui donne pour la *population relative* 1,147 habitants pour chaque lieue carrée.

DIVISIONS.

Les États de l'Église se divisent actuellement en *vingt-une provinces*, dont chacune porte le nom de son chef-lieu. En voici le tableau.
Du nord au sud :

Provinces.	Villes remarquables.
Ferrare.	Comacchio.
Bologne.	Medicina.

Provinces.	Villes remarquables.
Ravenne.	Imola.
Forli. . . . . ,	Rimini, Saint-Marin (la republique de).
Urbin.	Pesaro.
ANCONE	
Loreto	
Macerata.	
Fermo.	
Ascoli.	
Camerino.	
PEROUSE.	Assisi.
Spolete.	Terni, Narni.
Rieti.	
Viterbe.	
Orvieto.	
Civita Vecchia.	Canino.
ROME.	Tivoli.
Velletri.	Terracine.
Frosinone.	Ponte-Corvo (dans le roy. de Naples).
Benevent.	(royaume de Naples).

TOPOGRAPHIE.

FERRARE, ville considérable de 24,000 âmes ; autrefois elle en comptait plus de 60,000. Elle est située sur une branche du Pô, et l'on y remarque sa cathédrale, le nouveau palais du gouvernement et le théâtre ;

Bologne, avec 71,000 habitants : c'est l'une des plus belles villes de l'Italie, et son université est l'une des premières de l'Europe ;

Ravenne, autrefois l'une des plus considérables de l'Italie, ne compte plus que 16,000 habitants ; mais on y voit un grand nombre de beaux monuments antiques qui attestent sa splendeur sous les Romains et pendant les premiers siècles du moyen-âge ;

Forli, avec 16,000 âmes ; — *Rimini* (l'an-

cienne Ariminium), si fameuse autrefois, population 15,000 âmes; — *Pesaro*, avec 12,000 habitants, port commerçant de la mer Adriatique,
— *Urbin*, très-petite ville, patrie de Raphaël;
— *Saint-Marin*, gros village de 500 habitants:
c'est la capitale de la petite république de ce
nom;

Ancône, ville de 30,000 âmes, avec un port
franc sur l'Adriatique: c'est une ville industrieuse et commerçante; — *Macerata*, avec
12,000 âmes et une université; — *Loreto*, célèbre comme lieu de pèlerinage; — *Fermo*; —
Camerino; — et *Ascoli*, villes peu importantes.

Pérouse, ville considérable de 30,000 habitants, avec une université et un beau théâtre:
elle possède des monuments antiques très-pré-
cieux; — *Spolète*; — *Rieti*; — *Viterbe*, avec
13,000 âmes, villes peu considérables; — ainsi
que *Orvieto* et *Civita-Vecchia*.

ROME, sur le Tibre. cette ville, la plus célèbre du monde, et longtemps maîtresse de toute
l'Europe et d'une partie de l'Asie et de l'Afrique, ne
compte plus aujourd'hui que 154,000 habitants.
Plusieurs antiques monuments marquent encore
son ancienne magnificence, et une foule de superbes édifices modernes la placent au premier
rang parmi les belles villes de l'Europe. On admire surtout la vaste église de Saint-Pierre, considérée comme le plus beau temple que l'on ait
construit sur la terre; l'immense palais du pape,
appelé le Vatican, et une foule d'autres monuments publics. On peut d'ailleurs regarder cette
ville fameuse comme le premier centre des arts,

et nulle autre ne possède un si grand nombre d'ateliers de peinture et de sculpture dirigés par les plus illustres maîtres de toutes les nations de l'Europe ; — *Tivoli*, lieu de plaisance situé sur le Teverone, qui y forme de belles cascades : population 6,000 habitants ;

Velletri . — *Terracine* , — *Frosinone* , — *Ponte-Corvo* , — et *Bénévent* , ne sont que des villes très-peu considérables.

ROYAUME DE NAPLES.

LIMITES.

Ce royaume est borné à *l'ouest* par les États de l'Eglise , — au *sud-ouest*, par la mer de Sicile et le phare de Messine ; — au *sud-est*, par la mer Ionienne et le canal d'Otrante ; — au *nord-est* , par la mer Adriatique.

SUPERFICIE ET POPULATION.

La *superficie* du royaume de Naples ou des Deux-Siciles est d'environ 5,461 lieues carrées ; et sa *population*, qui s'élève à 7,420,000 âmes , donne pour *chaque lieue carrée* 1,358 habitants.

DIVISIONS.

Ce royaume, qui comprend aussi la Sicile, se divise aujourd'hui en 22 provinces appelées intendances. Le tableau suivant les indique avec leurs chefs-lieux et les villes remarquables.

Intendances.	Chefs-lieux.	Villes remarq.
ABRUZZE. { Abruzze ulterieure Ire.	Teramo.	
Abruzze citerieure. .	Chieti.	
Abruzze ulterieure IIe.	Aquila	
Molise.	Campo Basso.	
Terre de Labour. . . .	Caserta. . . .	Capoue, Nola, Gaete,
Naples.	NAPLES. .	Portici, Sorrento.
Principaute citerieure	Salerne. . . .	Amalfi.
Principaute ulterieure.	Avellino.	
Capitanate.	*Foggia.* . . .	Manfredonia.
Terre de Bari, ...	*Bari,*	Trani, Barletta.
Terre d'Otrante. . . .	*Lecce.*	Tarente, Otrante, Brindisi.
CALABRE. { Basilicate.	Potenza.	
Calabre citérieure. . .	Cosenza.	
Calabre ulterieure IIo.	Catanzaro.	
Calabre ulterieure Ie. .	*Reggio.*	
SICILE. { Messine.	MESSINE.	
Palerme.	PALERME. . . .	Montreale, Termini.
Trapani.	TRAPANI. . . .	Marsala.
Girgenti.	*Girgenti.*	
Caltanisetta	*Caltanisetta.*	
Syracuse.	*Syracuse.* . . .	*Modica.*
Catane.	CATANE. . . .	*Calatagirone.*

TOPOGRAPHIE.

NAPLES, capitale du royaume et l'une des villes les plus considérables de l'Europe ; sa population dépasse 364,000 habitants. Elle est située au fond d'une baie magnifique qui s'avance au pied du Vésuve, — sur le rivage de la mer on remarque, près de Naples, *Portici*, célèbre par son voisinage d'*Herculanum* ensevelie sous les laves du Vésuve depuis le règne de l'empereur Vespasien ; — *Sorrento*, patrie du Tasse ; — *Sa-*

lerne, peu considérable ; — *Foggia* , ville commerçante de 21,000 habitants ; — *Bari*, port de l'Adriatique, où l'on compte 19,000 âmes ; — *Barletta* , florissante ville de 18,000 habitants ; — *Lecce* ; — *Tarente*, autrefois si célèbre, aujourd'hui réduite à 14,000 âmes ; — *Reggio* , sur le phare de Messine; ellé fait un commerce actif et compte 17,000 habitants.

En Sicile :

PALERME, grande et belle ville de 168,000 âmes, au fond d'un golfe qui y forme un port superbe : elle fait un commerce considérable, et c'est la seconde ville du royaume ; — dans ses environs, *Montréale* et *Termini*, villes florissantes;—TRAPANI, à l'ouest, avec une population de 24,000 habitants : elle est remarquable par son industrie et ses fortifications ; — *Marsala*, qui compte 21,000 âmes et produit des vins renommés, — *Girgenti* (près de l'ancienne Agrigente) : on y compte 15,000 âmes ; — *Caltanisetta*, avec 16 000 habitants; — *Syracuse*, autrefois l'une des premières villes du monde, ne compte plus que 14,000 âmes : ses ruines sont des plus tristes et des plus imposantes que l'on connaisse ; — *Modica*, avec 20,000 habitants ; elle est remarquable par sa vallée des Troglodytes remplie de vastes cavernes creusées par d'antiques tribus.

CATANE, au pied du mont Etna, qui l'a souvent ravagée de ses laves brûlantes : on y compte 40,000 habitants, et l'on y voit encore les restes du plus vaste amphithéâtre que l'on connaisse ; —*Calatagirone*, ville industrieuse de l'intérieur, où l'on compte 20,000 habitants;

Messine, sur le détroit de ce nom, grande et commerçante ville dont la population dépasse 47,000 âmes : elle fut entièrement détruite par le tremblement de terre de 1783.

Parmi les villes les plus considérables de l'Italie en deçà du Pô, il faut se rappeler : Naples, Palerme, Rome, Florence, Bologne, Livourne, Messine, Catane, Parme, Ancône et Pérouse.

EMPIRE OTTOMAN.

Cette dernière carte de notre Atlas présente l'empire Ottoman divisé en *Turquie d'Europe* et *Turquie d'Asie*; et la Grèce, qui en a fait longtemps partie, et qui forme maintenant un royaume indépendant, sous la protection de l'Angleterre, de la France et de la Russie.

EMPIRE OTTOMAN.

SITUATION.

Cet empire s'étend un peu au delà du 30ᵉ et du 48ᵉ degré de latitude boréale; et un peu au delà aussi du 14ᵉ et du 46ᵉ degré de longitude orientale de Paris. Au nord, il touche au cours supérieur du Pruth; au sud, il est limité par le *Szafye*, petit courant d'eau qui se jette dans la mer Morte, et du nord-ouest au sud-est, il s'étend de l'Unna, affluent de la Save, jusqu'au golfe Persique.

LIMITES.

L'empire Ottoman est borné :
Au *nord*, en Europe, par l'empire d'Autriche; en Asie, par la mer Noire;

A l'*est*, en Europe, par l'empire de Russie et la mer Noire ; en Asie, par la Russie et la Perse ;

Au *sud*, en Europe, par la Grèce, l'Archipel, la mer de Marmara ; en Asie, par la mer Méditerranée et l'Arabie ;

A l'*ouest*, en Europe, par l'empire d'Autriche, la mer Adriatique et la mer Ionienne ; en Asie, par l'Archipel et la mer Méditerranée.

MERS, GOLFES ET DÉTROITS.

La *mer Adriatique* communique par le *canal d'Otrante* avec la *mer Ionienne*, dans laquelle on trouve le *golfe d'Arta*, situé entre la Grèce et la Turquie ;

L'*Archipel* forme le *golfe de Volo*, qui se trouve à la même hauteur que le golfe d'Arta ; puis ceux de *Salonique*, de *Cassandre*, de *Monte-Santo*, de *Contessa* et de *Saros*, sur les côtes de la Turquie d'Europe. En Asie, la même mer forme les golfes de *Tchanderli*, de *Smyrne*, de *Scala-Nova* et de *Cos*

C'est par le fameux *détroit des Dardanelles* qu'on entre de l'Archipel dans la *mer de Marmara* ; et de celle-ci, par le *canal de Constantinople*, dans la *mer Noire*, où l'on trouve sur les côtes de la Turquie d'Europe le *golfe de Bourgas*.

Dans la mer Méditerranée, on peut remarquer le *golfe de Satalie* et celui *d'Alexandrette*.

Nous avons signalé plus haut le *golfe Persique*.

PRESQU'ILES.

- La Turquie d'Europe forme elle-même une grande presqu'île que le savant géographe Balbi nomme *presqu'île orientale*, en y comprenant la *presqu'île de Morée*, qui en est la partie méridionale.

Dans la Turquie d'Asie, l'*Asie-Mineure*, qui comprend toute l'Anadolie actuelle, avec une partie de la province de Syrie, où Scham forme encore une autre grande presqu'île.

Les autres presqu'îles de cet empire sont nombreuses, mais elles ne sont point assez considérables pour être signalées ici.

CAPS.

Les principaux caps de l'empire Ottoman sont :

En Europe, — les caps *Crio*, *Théodia*, *Sidero* et *Spada*, dans l'île de Crète ; et le *cap Kelegra*, dans la mer Noire ;

En Asie, — les caps *Kerembeh* et *Kirpe*, dans la mer Noire ; — le *cap Baba*. dans l'Archipel ; — les caps *Kelidonia* et *Anamour*, sur les côtes de l'Asie-Mineure ; et ceux de *Salizano* et de *Saint-André*, dans l'île de Chypre.

ILES.

En Europe, l'empire Ottoman possède la grande *île de Candie*, qui limite au sud la *mer de Candie* ; dans l'Archipel, *Lemno*, *Thasso*, *Samothraki* et *Imbro* ;

En Asie, *Métélin*, *Chio*, *Samo*, *Nicaria*, *Rhodes*, *Scarpanto*, *Chypre* et une foule d'autres bien moins considérables.

PENTES ET FLEUVES.

Les fleuves qui parcourent ce grand empire appartiennent à quatre pentes principales : celle de la mer Méditerranée avec ses dépendances, de la mer Noire, de la mer Caspienne, et de la mer des Indes.

1° *Pente de la mer Méditerranée.*

Elle embrasse toute la partie méridionale de la Turquie d'Europe, au sud des monts Balkan et Argentaro ; en Asie, une partie de l'Anadolie et de la Syrie : nous y comprendrons la petite pente intérieure du lac Asphaltite ou mer Morte, qui reçoit le Jourdain.

Voici les fleuves principaux qu'on y trouve :

En Europe :

La *Narenta*, qui passe à *Mostar ;* — le *Drin*, formé du Drin blanc, qui vient du nord, et du Drin noir, qui descend du sud : il passe à *Prisrend* (Drin blanc) et à *Alessio ;* — l'*Ergent* ou *Beratino*, qui passe à *Bérat ;* — la *Voïutsa*, qui arrose *Kenitza* et *Tepelene*. tous ces fleuves se jettent dans l'Adriatique. On trouve encore, plus au sud, — le *Calamus*, qui passe à *Philates ;* —l'*Arta*, qui passe à *Arta* et coule dans le golfe de ce nom ; —et l'*Aspro Potamos*, dont le cours supérieur seulement appartient à la Turquie.

Dans l'Archipel se rendent :

La *Salambria*, qui passe à *Tricala* et à *La-*

risse ; — l'*Indje Karasou* ; — le *Wardar*, qui passe à *Uscup* et reçoit la *Braounista*, qui arrose *Istil* : ces deux fleuves, l'Indje Karasou et le Wardar, se jettent dans le golfe de Salonique.— On trouve encore deux autres *Karasou* qui se rendent dans le golfe de Contessa.

La *Maritza*, qui vient du mont Egrisau, passe à *Tatar-Bazardjik*, *Philippopoli*, *Tchermen*, *Andrinople* et *Démotica* · à son embouchure, la Maritza forme le petit golfe d'*Enos* ; ce fleuve reçoit à droite l'*Arda*, à gauche la *Tandja*, qui arrose *Eski-Sagra* et *Selimnia* ; — puis l'*Ergéné*, qui passe à *Visa*.

En Asie :

Le *Suzugherli*, grossi de l'*Edrenos* ; et l'*Ustyala*, qui coulent dans la mer de Marmara.

Dans l'Archipel, se rendent, — le *Kodos*, qui arrose *Koulah*, *Sart* et *Manissa* : il se jette dans le golfe de *Smyrne* ; — le *Méandre*, qui conserve son ancien nom, et passe à *Guzelhissar* ;

Dans la Méditerranée, coulent, — le *Keugez*, qui passe à *Bazar-Khan* ; — la *Phineka* ; — l'*Aksu*, qui arrose *Adalia*, à son embouchure ; — le *Ghiuk*, qui passe à *Selefkeh*, situé à son embouchure ; — le *Djihan*, qui arrose *Bostan* et *Adana*, et reçoit, à droite, le *Seihan*, qui passe à *Caraman* ; — le *Jyhoun*, qui arrose *Marach*, et se jette dans le golfe d'Alexandrette ;

Sur les côtes de Syrie, — l'*Oronte*, qui passe à *Hems*, *Hamah*, *Famieh* et *Antakia* ; il reçoit, à droite, le *Yagra* ; — le *Kébir* ; — le *Liettani* ; — et le *Jourdain* ou *Arden*, qui arrose *Tabarieh* et coule dans la mer Morte : il reçoit, à droite, le *Zerka* ; — enfin, la mer Morte reçoit aussi le *Szafye*, qui forme la limite méridionale de l'empire.

2° *Pente de la mer Noire.*

Elle comprend toute la partie septentrionale de la Turquie d'Europe, et une portion considérable de l'Asie-Mineure.

Les fleuves principaux qu'on y trouve sont :

En Europe :

Le *Danube*, qui vient de l'empire d'Autriche, passe à Belgrade, Semendria, *Neu-Orsova*, *Tchernetz*, Viddin, *Orcava*, Nicopoli, *Sistova*, *Roustchouk*, *Giurgevo*, Silistria, *Rassova*, *Hirsova*, *Braïlow* et *Galacz* ; un peu avant son embouchure, il sépare l'empire Ottoman de la Russie, puis il se jette dans la mer Noire par trois bras principaux, qui forment un large delta.

Ce grand fleuve reçoit, à gauche :

Le *Syll*, qui passe à *Crajova* ; — l'*Alouta*, qui vient de l'Autriche, traverse la chaîne méridionale des monts Karpathes ou Carpathes, et passe à *Rimnik* et *Slatina* ; — l'*Ardjs*, grossi de la *Dumbrovitza*, qui arrose

Bukarest ; — la *Jalonitza ;* — le *Sereth ,* qui passe à *Roman ,* — et le *Pruth ,* qui sépare, à l'est, la Turquie d'Europe de la Russie.

À droite, le Danube reçoit :

La *Save ,* qui sépare l'Autriche de l'empire Ottoman , et passe à *Gradiska , Brod , Schabacz* et *Belgrade ,* où elle se joint au Danube. La Save est elle-même grossie à droite par l'*Unna ,* qui passe à *Bibach* et à *Novi ;* la *Verbitza ,* qui arrose Banialouka ; la *Bosna ,* qui passe à Bosna-Seraï ; la *Drina ,* qui arrose *Zwornik ;* — la *Morawa ,* formée d'une branche *occidentale* et d'une branche *orientale :* cette dernière est grossie par la *Nissava ,* qui passe à *Nissa ;*

La Morawa arrose *Kruschevacz ;* — l'*Isker ,* qui passe près de Sophia ; — et la *Lantra ,* qui arrose *Tirnova ;*

Le *Kamtchick* est un petit fleuve qui coule dans la mer Noire , un peu au sud de *Warna.*

En Asie :

Le *Sacaria ,* qui arrose *Angora , Sarilar , Eskichehr* et *Shughut ;* il reçoit , à gauche, le *Pursach ,* qui passe à Koutaïeh et à *Eskichehr ;*

Le *Bartin ;*

Le *Kizil-Irmak ,* le plus grand fleuve de l'Asie-Mineure : c'est l'ancien *Halys ;* il passe à Sivas , à *Kir-Shehr ,* à *Tchorum* et *Osmanjik :*

il reçoit, à gauche, une branche secondaire, appelée aussi *Kizil-Irmak*, qui passe à *Nigt-led* et *Akserai*, et le *Devrek*, qui arrose *Tosia*; à droite, le Kizil-Irmak est grossi par le *Konak*;

Le *Tchorokh*, qui arrose *Niksar :* il reçoit, à gauche, le *Djekyl-Irmak*, qui passe à *Tokat* et Amasia :

Le *Kharskout*, qui passe à *Gumuch-Khane*, et *Tireboli*, à son embouchure;

Le *Batoum*, qui arrose, vers son embouchure, la ville de même nom.

3° *Pente de la mer Caspienne.*

Cette pente ne comprend qu'une très-petite portion de l'Arménie.

On y trouve :

Le *Kour*, grossi de l'*Aras*, qui reçoit l'*Aspra – Chaï :* cette dernière rivière sépare à l'est l'empire Ottoman de la Russie Asiatique. On pourra remarquer que le cours supérieur de ces fleuves appartient seul à la Turquie d'Asie.

4° *Pente de la mer des Indes.*

Cette pente embrasse une partie de l'Arménie et de l'Anadolie, et tous les pays qui formaient autrefois l'Assyrie et la Babylonie. On y trouve deux grands fleuves bien fameux dans l'histoire ancienne :

L'*Euphrate*, qui prend sa source près d'Er-

22

zeroum, dans l'Arménie, passe à *Erz-Indjan*, *Maden*, *Arabkir*, *Malathia*, *Samosat*, *Bir*, *Bambuch*, Rakka, *Kahisia*, *Ana*, *Eluce*, *Galater-Ramady*, *Anbar*, *Hilla* (près de l'ancienne Babylone), *Dawanie*, *Lemloum*, *Arja*, *Korna*, où il se joint au Tigre ; puis ces deux fleuves, réunis sous le nom de *Chat-el-Arab*, arrosent Basorah ou Bassora, et se jettent dans le golfe Persique.

L'Euphrate reçoit à droite le *Karasou*, qui passe à *Malathia*;

A droite : — le *Mourad-Tchaï*, qui descend du mont Ararat, et passe à *Diadin*, *Mouch* et *Maden*; — le *Djullab*, qui arrose *Harran* ou Charres, et se joint à l'Euphrate, vers Rakka; — le *Sandjar*, qui passe à *Nissibin*, *Sinjar* et *Kahisia* : il est grossi, à droite, par le *Khabour*, qui arrose *Ras-al-Ain*;

Le *Tigre*, qui vient du mont Taurus, et passe à Diarbékir, *Osmankuei*, *Kesn-Keifa*, *Djezireh*, Moussoul, placé en face de *Nonnia* (peut-être l'ancienne Ninive), *Senn*, *Tekriti*, *Samarra*, *Dokhala*, Bagdad, *Jarjarya*, *Kout-al-Hamara*, et *Korna*, où il se joint à l'Euphrate.

Le Tigre reçoit, à gauche ; — le *Khabour*, qui passe à *Zaku*; — le *Grand-Zab*; — le *Petit-Zab*, qui arrose *Khoi-Sandjak*, *Altum-Kupri*, et passe près de Kerkouk; — le *Diala*, qui passe à *Bakuba*; — et le *Kérah*, qui vient du royaume de Perse.

MONTAGNES.

Les principales chaînes de montagnes de l'empire Ottoman sont .

En Europe :

Les monts *Nissava-Gora*, prolongement des Alpes illyriennes : on peut leur conserver ce nom jusqu'à la source du Wardar.

De là, la chaîne, qui se bifurque, prend le nom général de *Pinde*, et se dirige au sud. C'est à elle qu'appartiennent les *monts Delacha*, qui séparent la Turquie de la Grèce, les monts *Zagora* et *Kissovo*, le *mont Volutza* et le *mont Olympe*.

L'autre branche, qui commence à la source du Wardar, se dirige à l'est et prend successivement les noms de *mont Argentaro*, à l'ouest, et de *mont Balkan* ou *Emineh-Dagh*, à l'est : plus loin encore, on la nomme *Bouiouk-Balkan*. A cette chaîne se rattachent les *monts Egrisau, Dupnizza* et le *mont Athos*, au sud; au nord, le *mont Codja-Balkan*, dont le prolongement vers le nord semble aller rencontrer, vers le Danube, les monts *Piatra-Tajata* et *Piatra-Taplino*, ramification des monts Karpathes, qui séparent la Turquie d'Europe de l'Autriche. — Dans l'île de Crète, il faut signaler le *mont Ida*.

En Asie ·

On a pu remarquer que des *monts Bouiouk-Balkan*, en Europe, se détache un chaînon secondaire, qui, se dirigeant au sud-est, puis au sud-ouest, se termine au détroit des Dardanelles, à l'extrémité de la presqu'île nommée autrefois Chersonèse de Thrace.

De l'autre côté du détroit, en Asie, une autre petite chaîne conduit au *mont Ida*, et semble ainsi lier les montagnes d'Europe à celles d'Asie.

La chaîne de l'Ida se dirige à l'est pour se lier, d'un côté, avec le *mont Olympe*, voisin de Brousse, et de l'autre avec une *chaîne centrale* d'une médiocre élévation, qui court presque parallèlement à la longue et haute *chaîne du Taurus*, lequel parcourt toute la partie méridionale de l'Asie-Mineure, pour aller à l'extrémité orientale de l'Arménie se joindre au fameux *mont Ararat :* on pourra observer que cette chaîne du Taurus est coupée en trois endroits, par l'*Aksu*, le *Djihan*, et l'Euphrate.

Du mont Ararat, des chaînons lient le Taurus, vers le nord, avec le *mont Caucase*. On peut aussi remarquer au sud-ouest de l'Ararat les *monts Hékian*, qui limitent de ce côté le bassin du grand lac de Van.

Enfin, dans la Syrie ou Scham, le *mont Liban* étend du nord au sud ses nombreuses ramifications.

LACS.

Les principaux lacs de l'empire Ottoman sont

En Europe

Le lac de *Scutari*, sur lequel est bâtie la ville de ce nom;

Le lac d'*Ochrida*, au sud de la ville du même nom.

Ces deux lacs sont dans l'Albanie.

En Asie :

On compte un grand nombre de lacs dans la Turquie d'Asie, mais nous ne citerons que

Le *lac de Van*, dans l'Arménie ,=le *lac de Tabarieh*, ou mer de Tibériade , — et le *lac Asphaltite* ou *mer Morte* , dans la Syrie.

CLIMAT ET PRODUCTIONS DES TROIS RÈGNES.

Cet article ne se rapporte qu'à la Turquie d'Europe ; pour la Turquie d'Asie (voyez *première série* , pages 152—155, et 161—165).

Le climat de la Turquie d'Europe est un des plus agréables de la terre ; le ciel y est pur, et la terre s'y montre presque partout fertile ; et malgré l'état déplorable de l'agriculture, elle produit *toutes sortes de fruits et de grains.* On y trouve des *forêts superbes* et d'*excellents pâturages*, qui nourrissent d'innombrables troupeaux de *moutons* et de *chèvres* , et

22.

plusieurs milliers de *chevaux*, des *ânes* et de beaux *mulets*. Dans les forêts et les montagnes, on rencontre une multitude de *chevreuils*, de *daims*, de *sangliers*, d'*ours* et de *loups-cerviers*; enfin, des *perdrix* et des *outardes*, et une grande quantité de petites *abeilles* qui produisent un miel fort estimé.

Quoique la Turquie d'Europe possède de nombreuses richesses minérales, elles sont en général fort mal exploitées : c'est là pourtant que se trouvaient ces abondantes mines d'or et d'argent qui enrichirent autrefois les Macédoniens et les Athéniens.

SUPERFICIE ET POPULATION.

La superficie totale de l'empire Ottoman, en y comprenant ses petites possessions en Arabie, peut être estimée à 122,874 lieues carrées, avec une population de 21,300,000 âmes, ce qui donne pour chaque lieue carrée 173 habitants environ.

Dans ces calculs, la Turquie d'Europe entre pour 26,352 lieues et 8,800,000 habitants; la Turquie d'Asie pour 96,522 lieues et 12,500,000 habitants.

RELIGION, GOUVERNEMENT.

L'islamisme ou le *mahométisme* est la religion dominante de l'empire Ottoman; on y trouve aussi des *Arméniens*, des *juifs* et quelques *ca-*

tholiques romains : un assez grand nombre suit
le culte de l'*église grecque.*

Le *gouvernement* est une *monarchie très-ab-
solue,* le sultan ou empereur réunissant dans sa
personne la puissance temporelle et spirituelle.

INDUSTRIE ET COMMERCE.

Sous le rapport de l'industrie , la Turquie
d'Europe est aujourd'hui encore fort arriérée ;
mais son commerce est assez considérable il est
presque tout entier entre les mains des Arméniens, des juifs, des Grecs et d'autres étrangers
de l'Europe occidentale.

Pour l'industrie et le commerce de la Turquie
d'Asie (*voy.* 1ʳᵉ série, aux pages indiquées plus
haut).

DIVISIONS ADMINISTRATIVES.

Avant de présenter le tableau des principales
divisions de l'empire Ottoman , nous ferons remarquer que, dans la Turquie d'Europe, les *trois
principautés de Servie,* de *Valachie* et de *Mol-
davie* sont de fait indépendantes en tout ce qui
touche l'administration intérieure : elles payent
seulement un tribut annuel à la Porte-Ottomane.

L'île de *Candie* est au pouvoir du vice-roi
d'Égypte, qui, dans la Turquie d'Asie , occupe
également la *Syrie,* dont il s'est emparé en 1834.

PAYS TRIBUTAIRES.

Principaute de Servie......	*Semendria.*	*Belgrade* , Kruschevicz.
Principaute de Valachie......	*Bukarest.*	Tergovist, Crajova.
Principaute de Moldavie......	Jassy	Galacz, Botuschani.

PAYS SUJETS.

TURQUIE D'EUROPE.	Bosnie (avec la Croatie et l'Hertzegovine)............	*Bosna—Serai* ...	Banialonka, Traunik, Novi-Bazar, Mostar.
	Albanie....................		Cetigne, Scutari, El-Bassan, Ochrida, Berat, Delvino, Janina.
	Roumelie	Constantinople ...	Tricala , *Salonique*, Monastir , Uscup , *Gustendil* , Tchermen , *Andrinople,* Kirkilissa , Visa , *Gullipoli*
	Bulgarie........	*Sophia*	Viddin, Nicopoli , Silistria , Choumla.
TURQUIE D'ASIE	Anadolie (et Caramanie)		*Smyrne*, Brousse, Koutaieh, Angora, Sivas , Konieh , Marach.
	Armenie		Trebizonde , Erzeroum, Kars.
	Kurdistan......		Moussoul et Kerkouk.
	Irak-Araby.......	*Bagdad.*	Bassora.
	Al Djezyreh		Diarbekir, Rakka.
	Syrie ou Scham.....		Adana, *Alep*, Tripoli, *Damas*, Acre, *Jerusalem*

TOPOGRAPHIE.

Nous allons maintenant indiquer en peu de mots les principales villes de la Turquie d'Europe et de la Turquie d'Asie.

TURQUIE D'EUROPE.

Principauté de Servie.

On y trouve
Semendria, sur la rive droite du Danube, avec environ 12,000 habitants : elle est regardée comme la capitale de la principauté ;

Belgrade, au confluent de la Save et du Danube : on la regarde comme une des plus fortes places de l'Europe ; elle fait un commerce considérable, et compte 30,000 habitants ;

Kragojevatz ; — *Usicza*, industrieuse et commerçante ; — *Schabacz*, ville forte, sur le Danube.

Principauté de Valachie.

Les villes les plus remarquables de cette grande principauté sont :
Bukarest, sur la Dumbrovitza, ville assez mal bâtie, mais qui fait un commerce très-considérable, et compte une population de près de 80,000 âmes : elle possède quelques établissements publics pour les sciences et les lettres,

Tergovist, autrefois très-florissante, compte à peine aujourd'hui 5,000 habitants ; — *Crajova*, ville industrieuse, de 8,000 âmes ; — *Giurgevo ; — Brailow*, places fortes.

Principauté de Moldavie.

On y trouve :

Jassy, qui comptait, il y a environ douze ans, 40,000 âmes : c'est la capitale de la principauté : on y voit des ruines romaines ;

Husch, sur le Pruth ; — *Galacz*, port très-fréquenté, sur le Danube, avec 6 ou 7,000 habitants, etc.

Bosnie, Albanie, Roumélie et Bulgarie.

Voici les villes les plus importantes de ces quatre provinces de l'empire Ottoman :

Bosna-Serai, l'une des plus industrieuses et des plus commerçantes villes de l'empire Ottoman : on lui accorde 70,000 âmes, et on la considère comme la capitale de la Bosnie ;

Zwornik, avec quelques mines de plomb, et 14,000 habitants ; — *Mostar*, sur la Narenta, qu'on y passe sur un beau pont : elle fait un commerce très-actif ; — *Banialouka*, ville forte, d'environ 15,000 âmes ; — *Trebigne*, 10,000 habitants ; — et *Traunik*, petite ville, où réside le visir-pacha,

Janina, bâtie sur la rive occidentale du lac de ce nom, était devenue florissante sous le gouvernement absolu du fameux Ali-Pacha, et sa population s'élevait alors à plus de 40,000 habitants · aujourd'hui, elle en compte à peine quelques milliers ;

Souli, petite ville, rendue célèbre par l'héroïque défense des Souliotes, ses habitants, contre Ali-Pacha ;

Delvino, avec 8,000 âmes ; — *Tricala*, résidence d'un pacha, avec environ 12,000 habitants ; — *Larisse*, naguère une des plus florissantes et des plus riches villes de la Turquie : elle comptait, avant les dernières guerres, près de 30,000 habitants ;

Prevesa, à l'entrée du golfe d'Arta ; — *Berat*, avec 9,000 âmes ; — *Durazzo* (l'ancienne Dyrrachium) , — *Croia*, récemment détruite, mais célèbre dans l'histoire du fameux Scanderbeg ; — *Scutari*, qui ne compte plus maintenant qu'environ 20,000 âmes · c'était, avant les dernières guerres, l'une des plus florissantes de l'empire ; — *Cetigne*, petite ville, chef-lieu du Monténégro, dont les habitants sont presque indépendants. — On peut encore citer, dans l'Albanie :

Ochrida, sur le lac de ce nom ; — et *El-Bassan* : ces deux villes ont été autrefois considérables ;

Salonique, dans une magnifique position, au fond du golfe de Salonique, c'est une belle et grande ville de 70,000 âmes, qui passe pour la plus commerçante de la Turquie d'Europe après Constantinople : elle possède quelques beaux édifices ;

Seres, au nord-est de Salonique, compte

30,000 habitants, et fait un commerce considérable de coton et de tabac ;

Monastir, avec 15,000 habitants ; — *Uscup*, qui en compte 10,000, sont des chefs-lieux de *sandjaks*, ou petites provinces, marquées dans notre carte par de petits filets coloriés : nous avons eu soin de marquer tous ces chefs-lieux d'un caractère particulier ; — *Gustendil* ou *Kustendil*, avec des bains sulfureux, et une faible population de 8,000 âmes ;

Gallipoli, l'une des premières villes de l'empire pour son industrie, son commerce et sa population, qu'on estime à 80,000 habitants : ses fabriques de maroquin sont très-renommées ; — *Rodosto*, ville florissante, sur la mer de Marmara, avec une population de 40,000 âmes ;

CONSTANTINOPLE (ancienne Byzance), située sur la mer de Marmara, à l'entrée du canal de Constantinople, qui la sépare de *Scutari*, l'un de ses faubourgs, sur la côte d'Asie. Il n'existe peut-être aucune autre position dans le monde aussi admirablement belle et aussi favorable pour le commerce. Constantinople est l'une des premières villes de l'Europe par son étendue, et sa population qu'on porte à 600,000 habitants. Elle possède plusieurs beaux édifices, entre autres, le sérail ; la mosquée de Sainte-Sophie, qui remonte au règne de Justinien, en 532 ; des bazars ; l'arsenal ; les casernes ; le fameux château des Sept-Tours ; et plusieurs beaux cimetières ;

Demotica, ville industrieuse de 15,000 âmes ;

— *Visa*, *Kir-Kilissa*, chefs-lieux de sandjaks;
— *Bourgas*, petite ville, sur le golfe de ce nom,

Andrinople, longtemps capitale de l'empire Ottoman : c'est l'une des villes les plus industrieuses de la Turquie d'Europe, et elle possède plusieurs belles mosquées, parmi lesquelles se distingue celle de Sélim II, qu'on regarde comme le plus beau temple mahométan. Andrinople paraît avoir une population de 100,000 âmes · son entrepôt principal pour le commerce maritime est le petit port d'*Enos*, à l'embouchure de la Maritza; — *Tchermen*, ville peu importante, mais chef lieu d'un sandjak;

Sophia, regardée comme la capitale de la Roumélie : elle est industrieuse et compte 50,000 habitants;

Choumla, la plus forte place de toute la Turquie orientale : elle compte environ 30,000 âmes, — *Silistria*, sur le Danube, avec 20,000 habitants : elle fait un commerce considérable. et est bien fortifiée; — *Warna*, le meilleur des ports de la Turquie d'Europe; — *Viddin*, sur le Danube; c'est une des forteresses de l'empire · on lui accorde environ 25,000 âmes; — *Nicopoli*; — *Sistova*, industrieuse et commerçante, etc.

Dans l'île de Candie, nous citerons seulement :

Candie, capitale de l'île; — et *la Canée*, avec 12,000 habitants : cette dernière ville est très-commerçante.

Turquie d'Asie.

Parcourons rapidement les principales villes de la Turquie d'Asie.

Anadolie.

Cette partie de l'Asie ottomane embrasse la plus grande partie de l'Asie - Mineure ; on y trouve :

Smyrne , sur le golfe de ce nom : c'est l'une des plus commerçantes villes du monde, et l'on porte sa population à 130,000 habitants ;

Manissa (Magnésie), au nord-est, sur le Kodos : elle fait un commerce considérable de safran , et compte, dit-on, 40,000 habitants ;

Scala-Nova , avec 20,000 âmes , et *Gu-zelhissar*, avec 30,000 âmes, sont deux villes industrieuses et commerçantes ; —*Sart* (Sardes) ;

Pergame , jadis si florissante ; — *Kido-nia*, naguère riche, populeuse, n'offre plus que des ruines ;

Brousse, au pied du mont Olympe, grande ville de 100,000 âmes, autrefois capitale de la Bithynie ;

Isnik, l'ancienne Nicée ; — *Isnik-Mid* (Nicomédie) ;

Scutari , faubourg de Constantinople , qui

compte 35,000 âmes, et qui renferme les plus
beaux cimetières de l'empire Ottoman ;

Koutaïeh, grande ville de 50,000 âmes :
c'est l'ancienne Cotyœum ; — *Karahissar*, au
sud de la précédente : elle fait un commerce
considérable d'opium : on lui accorde 60,000
âmes ;

Konieh (Iconium); c'était la résidence du chef
des Turks-Seldjoukides pendant le moyen-âge :
elle compte encore 30,000 habitants ; — *Caraman*, ville autrefois assez considérable ; —
Angora (Ancyre), avec environ 40,000 âmes :
c'est là que Bajazet ou Bayazid fut vaincu et
fait prisonnier par le fameux Tamerlan ;

Tokat, ville riche et industrieuse, à laquelle
on accorde 100,000 habitants ; — *Sivas*, ville
peu considérable, mais chef-lieu d'une grande
province ou eyalet.

Sur la côte méridionale, on peut encore citer

Patara ; — *Adalia* (Satalie) ; — puis, *Marach*, vers la source du Jyhoun, au nord-est
du golfe d'Alexandrette.

Arménie.

On trouve, dans cette partie de l'Asie-Mineure :

Trébizonde, sur la mer Noire, avec environ
50,000 habitants qui font un assez grand
commerce de cuivre : elle fut longtemps, pendant le moyen-âge, le siége de l'empire grec
de Trébizonde, fondé au commencement du
treizième siècle ; — *Gumuch - Khane*, qui

possède d'abondantes mines de plomb et de cuivre ;

Erzeroum, sur l'Euphrate, avec 100,000 habitants, qui se livrent avec succès à l'industrie et au commerce ;

Kars, assez grande ville ; — et *Van*, sur le lac de ce nom, où l'on voit encore les ruines du palais d'été bâti par ordre de Sémiramis.

Kurdistan.

On y trouve :

Moussoul, sur le Tigre, ville industrieuse et commerçante, à laquelle on accorde 50,000 âmes : cette ville, remarquable par ses fabriques de *mousselines*, est fameuse dans l'histoire du moyen-âge ; — en face, *Nounia*, lieu qui tire son importance de sa position, qu'on croit être celle de l'antique Ninive ; — *Kerkouk*, ville peu considérable, mais chef-lieu d'un sandjak.

Irak-Araby.

Les villes les plus remarquables de cette division de l'Asie ottomane sont :

Bagdad, sur le Tigre : elle ne renferme plus que 100,000 habitants, et elle est bien déchue de sa splendeur, lorsqu'elle était le siége florissant du khalifat d'Orient ; c'est aux environs de cette ville célèbre que se découvrent encore les ruines fameuses de *Babylone*, de *Séleucie* et de *Ctésiphon* ;

Bassorah, autrefois l'une des plus riches et

des plus commerçantes villes du monde, ne
compte plus que 60,000 âmes environ; cependant, son commerce est encore considérable
elle a un assez bon port, sur le Chat-el-Arab.

Al-Djezyreh.

Dans cette province, nous ne citerons que :
Rakka, sur l'Euphrate; — *Diarbékir*, ville
florissante, d'environ 60,000 habitants; — et
puis *Orfa*, l'ancienne Ur, qui s'appela plus tard
Edesse, et devint fameuse dans le moyen-âge,
— *Harran* ou *Charres* : c'est là que l'imprudent
Crassus fut défait par l'armée des Parthes; — et
Nissibin (Nisibe), célèbre dans l'histoire romaine.

Syrie ou Scham.

Cette importante province de l'empire Ottoman, mais qui de fait dépend du vice-roi d'Égypte, s'étend de la Méditerranée à l'Euphrate,
et embrasse, outre la Syrie et la Palestine, une
portion de l'Asie-Mineure.

Nous y ferons remarquer, en allant du nord
au sud :
Tarsous, l'ancienne Tarse ; — *Adana*,
à laquelle on donne, ainsi qu'à la précédente,
30,000 habitants;
Alep, sur le Koik, était la seconde ville de
l'empire Ottoman et l'une des plus commerçantes du monde, lorsqu'elle fut détruite à moitié,
en 1822, par un terrible tremblement de terre;

Antakia (Antioche), sur l'Oronte, et qui renfermait sous les Séleucides peut-être 6 ou 700,000 habitants, compte à peine aujourd'hui 10,000 âmes ;

Tripoli, avec 16,000 âmes ; — *Acre*, l'ancienne Ptolémais, si célèbre pendant le moyen-âge, fait un commerce considérable, et sa population s'élève à 20,000 habitants ; — c'est un peu au nord de cette ville qu'on voit les ruines de la reine des mers, de la fameuse et puissante *Tyr*.

Kaısarieh, l'ancienne Césarée ; — *Jaffa*, détruite, il y a deux ans, par un tremblement de terre ;

JÉRUSALEM, qui ne compte plus que 30,000 âmes, et qui est visitée, tous les ans, par un grand nombre de pèlerins ; on sait qu'elle fut arrachée aux Musulmans par la première croisade, et qu'elle forma un royaume dont Godefroy de Bouillon fut le premier roi ;

Ascalon; — *Gaza*, si célèbres autrefois ;

. *Damas*, qu'on peut regarder comme la ville la plus peuplée de la Turquie d'Asie, puisqu'elle compte au dela de 140,000 habitants ; c'est l'une des plus anciennes, des plus belles et des plus opulentes villes d'Asie, et elle se distingue par son commerce étendu et son active industrie. — Au nord-est de Damas, on peut voir dans le désert les ruines imposantes de Tadmor ou Palmyre, fondée par Salomon, environ 1000 ans avant l'ère chrétienne.

On peut encore remarquer :

Métélin ; — *Chio ;* — et *Rhodes* , dans les îles de ce nom ; — et *Nicosie* , dans l'île de Chypre.

Rappelons-nous que les principales villes de l'empire Ottoman sont :

En Europe. — Constantinople , Andrinople , Gallipoli , Salonique . Sophia , Bosna-Seraï , Belgrade , Choumla , Bukarest et Jassy.

En Asie. — Damas, Smyrne, Alep, Brousse, Koutaïeh , Tokat , Erzeroum , Trebizonde , Diarbékir, Moussoul, Bagdad , Bassora et Jérusalem.

ROYAUME DE GRÈCE.

Ce royaume occupe la partie méridionale de la grande presqu'île orientale. Il s'étend du nord au sud, depuis le golfe d'Arta et celui de Volo jusqu'au cap Matapan. Les *monts Delacha* le séparent au nord de l'empire Ottoman, et de tous les autres côtés il est baigné par la mer.

Voici quels sont les *principaux golfes* qui découpent profondément ses côtes de toutes parts. En commençant à l'ouest : le *golfe d'Arta;* — le *golfe de Patras* et celui de *Lépante*, qui en est la continuation orientale, et sépare la Morée (ancien Péloponèse) du continent; — le *golfe d'Arcadia*, vers la ville de ce nom; — et plus au sud, ceux de *Coron* et de *Marathonisi ;* —puis le *golfe de Nauplia* et celui d'*Athènes*, sur les côtes sud-est.

Les *caps* les plus remarquables sont :

Le *cap Matapan*, le plus méridional du continent européen ; — le *cap Malia*, un peu plus à l'est ; — et le *cap Colonne*, au sud-est d'Athènes.

La *Grèce* est traversée par de nombreuses chaînes de montagnes, parmi lesquelles nous rappellerons le *mont Parnasse*, — et le *mont Hymette*, sur le continent; — et le *mont Delphi*, dans l'île de Négrepont.

Les *principales îles* de la Grèce sont :

Colouri (Salamine), et *Egine*, dans le golfe

d'Athènes ; — la grande *île de Négrepont*, avec une capitale du même nom.

Plus au nord-est, les îles *Chélidonia, Scopélo* et *Skyro.*

Au sud-est, les CYCLADES, dont les plus remarquables sont : *Andros, Zea, Therma, Syra,* avec une capitale nommée *Hermopolis, Tine, Myconi, Délos, Paros, Naxie,* qui est la plus grande ; *Amorgos, Milos* et quelques autres.

Les fleuves les plus remarquables de ce royaume sont :

L'*Aspro-Potamos*, qui vient de la Turquie ; — le *Fidaris*, qui se jette dans le golfe de Patras, un peu à l'est de *Missolonghi*, si tristement célèbre pendant les dernières guerres ;

Le *Roupha*, qui passe à *Leondari, Carytœna* et *Pirgos ;*

L'*Iri* (Eurotas), qui prend sa source un peu au sud de *Tripolitza*, et passe tout près de *Mistra* pour se jeter dans le golfe de Marathonisi ;

L'*Asopo*, qui passe près de *Thèbes ;*

Le *Mavronero*, qui passe à *Dadi* et se rend dans le fameux *lac Copais ;* et l'*Hellada*, qui passe à *Patratchik.*

Le tableau suivant fait connaître la division administrative de la Grèce partagée en 10 départements appelés *nômes.* Sur la carte supplémentaire, on trouvera les chefs-lieux de ces dix provinces marqués d'un plus gros caractère.

Provinces ou Nômes.	*Chefs-lieux.*

Du nord au sud.

Acarnanie et Ktolie.	Vrachori.
Locride et Phocide.	Salona.
Attique et Beolie.	ATHÈNES.
Achaie et Elide.	Patras
Messenie.	Arcadia.
Arcadie.	Tripolitza.
Argolide.	Nauplia.
Laconie..	Mistra.
Eubee ou Negrepont.	Negrepont.
Cyclades.	Hermopolis (île de Syra).

Voici maintenant les villes les plus remarquables de ce royaume :

ATHÈNES, capitale du royaume, avec une faible population de 12 à 15,000 habitants : elle s'agrandit tous les jours rapidement :

Nauplia, sur le golfe de ce nom, avec environ 12,000 âmes, est une des plus industrieuses et des plus commerçantes villes de la Grèce;

Tripolitza, qui sous la domination turque était florissante et comptait au delà de 18,000 âmes, est presque entièrement ruinée : elle a été longtemps la capitale de la Morée ;

Mistra est bâtie non loin des ruines de Sparte. elle est ruinée ;

Patras, sur le bord méridional du golfe de ce nom, ne compte que 8,000 habitants ; mais elle semble devoir devenir bientôt une des plus belles villes de l'Europe ;

Corinthe, assez florissante avant la dernière guerre, n'offre plus d'intéressant que ses anciens souvenirs ;

Hydra, dans l'île de ce nom, semble être encore la ville la plus peuplée de la Grèce, puisqu'on lui accorde 20,000 âmes;

Négrepont, capitale de l'Eubée; — *Hermopolis*, capitale de Syra et de toutes les Cyclades; — et *Naxie*, dans la grande île de ce nom, sont des villes assez florissantes par leur commerce, surtout la ville d'Hermopolis.

FIN DE LA TROISIÈME SÉRIE.

TABLE DES MATIÈRES.

FIN DE LA TABLE

ATLAS ÉLÉMENTAIRE SIMPLIFIÉ

DE GÉOGRAPHIE

À L'USAGE

DE ES SOULIER (DE SARTHE)

ET L'ANDRIVEAU GOUJON

Adopté par la Commission d'Instruction publique

20 Feuilles grand raisin, illustrées en 1851